芳菲人生

王家泉 著

文化藝術出版社
Culture and Art Publishing House

图书在版编目（CIP）数据

芳菲人生 / 王家泉著. — 北京：文化艺术出版社，2010.9
ISBN 978-7-5039-4748-3

Ⅰ.①芳… Ⅱ.①王… Ⅲ.①传记文学—中国—当代 Ⅳ.①I247.5

中国版本图书馆CIP数据核字(2010)第187679号

芳菲人生

著　　者	王家泉
责任编辑	李恩祥
责任校对	方玉菊
装帧设计	姚雪媛
出版发行	文化艺术出版社
地　　址	北京市东城区东四八条52号　100700
网　　址	www.whyscbs.com
电子邮箱	whysbooks@263.net
电　　话	（010）84057666　84057660　（总编室）
	（010）84057696　84057698　（发行部）
经　　销	新华书店
印　　刷	国英印务有限公司
版　　次	2010年12月第1版
印　　次	2010年12月第1次印刷
开　　本	720×1000mm　1/16
印　　张	15.5
字　　数	180千字
书　　号	ISBN 978-7-5039-4748-3
定　　价	30.00 元

版权所有，侵权必究。印装错误，随时调换。

芳菲人生 1

陆惠芳在上海市浦东新区举行的纪念改革开放30周年大会上作上海申茂电磁线厂工作汇报

芳菲人生 | 2

陆惠芳1984年加入中国共产党时的照片

陆惠芳在工作

陆惠芳深入车间检查电磁线质量

陆惠芳董事长与王新国总经理（右）
在会议上

捐赠证书之一   捐赠证书之一

陆惠芳在欧洲

陆惠芳（第二排左四）在瑞士
"ABB 2006年度供应商大会"上

陆惠芳被中华全国工商业联合会、中华全国总工会授予"全国'关爱员工优秀民营企业家'称号"

2007年6月29日,陆惠芳与宋安在中华全国工商业联合会与中华全国总工会召开的表彰大会上,被分别授予"全国关爱员工优秀民营企业家"和"全国热爱企业优秀员工"的称号,领奖后,于人民大会堂前留影

在一年一度的春节前夕的送温暖活动中,申茂电磁线厂所在地平桥村乡亲中的70岁以上老人之一感动地拥抱陆惠芳

陆惠芳与潘水祥(左二)、闵引仙(左一)和本书作者(右一)2000年11月,留影于北京天安门广场

2010年9月18日陆惠芳全家福照片，时为陆惠芳爱人顾正生的66岁生日。照片中自右起依次为：大女儿顾琦华、大女婿王新国、顾正生、孙儿顾思义、陆惠芳、外孙女冯思远、小女婿冯一兵、小女儿顾奇军、小外孙女冯思惠

目录

前言 ……… 1
引子　盛宴迎新春 ……… 3

一、悠悠小河情 ……… 1
二、穷人的孩子早当家 ……… 7
三、馄饨为媒架鹊桥 ……… 13
四、后起之秀　初露峥嵘 ……… 31
五、第一台拉丝机的故事 ……… 47
六、砻糠搓绳起头难 ……… 58
七、大跨越 ……… 68
八、山河壮丽走奇人 ……… 83
九、身正不怕影子斜 ……… 93
十、投桃报李的故事 ……… 103
十一、大算盘记小账 ……… 112
十二、今日又闻"隆中对" ……… 123
十三、"人啊，人！ ……… 133
十四、从头越，苍山如海 ……… 144
十五、魅力与魄力 ……… 159
十六、当家人 ……… 171
十七、阳光下的至爱 ……… 180
十八、看君走马见芳菲 ……… 200

后记 ……… 219

前言

三十年前，在中国共产党第十一届三中全会上向世人宣告的党的改革开放国策，使中华儿女的智慧和才能被极大地释放出来了。放眼中华大地，三十余年来，正创造着千千万万例经济发展的人间奇迹，中国人民的生活开始迈入了小康；同时，也诞生着似灿烂群星般的英雄豪杰，真是"六亿神州尽舜尧"，外秀内慧的巾帼女杰陆惠芳即是其中一员。

2000年夏，还在上海申茂电磁线厂初具规模、开始发展不久，我就有幸结识了陆惠芳，对她采访并作了初期报道，以题为《瓦屑镇飞出的金凤凰》一文，发表在《上海企业家》杂志2000年第四期上。此后至今的近十年来，我跟踪着陆惠芳和申茂厂的发展步伐，亲眼目睹着陆惠芳事业的日益壮大、逐年腾飞，真是感同身受，感慨良深！终于触发了我要为陆惠芳和她的事业撰写一部传记的心愿。

陆惠芳从一个普普通通的农家女，成长为一个优秀的女企业家，绝不是偶然的。这除了她本身所具有的智慧、才干和胆略外，还离不开党的改革开放国策，离不开哺育她的土地，离不开帮助她、关心她和支持她的人们，包括各级党政领导和她的乡亲们朋友们，以及上海申茂电磁线厂的每一个职工和客户们。正如我为撰写这部传记而伴随在陆惠芳身边听她回忆往事的日子里，她时而要说起的那句话一样："是党的改革开放，给了我和我们申茂电磁线厂的发展机遇！"这可以说是陆惠芳的由衷之言。所以，在她从起步发展至今的每一阶段，她都不忘回报国家、回报社会、回报乡亲。上海申茂电磁线厂，是南汇区的福利企业和产值大户；陆惠芳和申茂厂也是当地残联和社会福利企业协会的主要成员，二十多年来对残疾人给予了很多很多的关心；在历次的红十字会抗灾支援献爱心活动中，陆惠芳和申茂厂都是毫不迟疑地解囊相助；对故里乡亲中的老人们，陆惠芳逢年过节都要送上礼品钱款，问寒嘘暖。正如看着陆惠芳成长起来的老生产队长周雪根说的那样："原和平大队有12个生产队，大队所属范围内的老人，陆惠芳都要一个一个地去看望。伲老百姓众口称赞，阿芳吭啥话头：好！都说阿芳有良心！"（当地村民对陆惠芳都昵称"阿芳"）这位已年届八十多岁高龄的耄耋老人，在采访中对笔者赞叹道："惠芳从小姑娘起我就看着她长大，现在事业做得这样大，当董事长了，每次见到我总还要喊我一声'老爷叔'好，礼数周到，一点架子都没有。"

陆惠芳就是以这样的人格魅力、人间真情，获得了当地乡亲们和各级领导的赞誉和钦佩，大家质朴地把陆惠芳比喻为瓦屑镇飞出的金凤凰。历年来，陆惠芳先后获得了上海市三八红旗手、上海市劳动模范、全国农村女能手、全国优秀乡镇企业女企业家、全国关爱职工优秀民营企业家等光荣称号，多次受到上海市乃至党和国家领导人的接见。作为一个文字工作者，不记录这样的巾帼英才，还记谁？！作为一个文学工作者，不书写讴歌这样一个金凤凰，又写谁？！由此，我为陆惠芳创作了这部传记。

需要说明的是，二十多年来，伴随着陆惠芳前进的步伐和她事业的发展，围绕并发生在陆惠芳身边的故事也是极为曲折复杂和丰富多彩的，限于本人的时间、精力和学识，以及在上海申茂电磁线厂发展过程中的人事变迁和更迭，我在这部记录和描述陆惠芳人生道路及其人生价值的书稿中，肯定会有所错漏抑或偏颇之处，这是还要祈请各界读者特别是熟悉陆惠芳的亲友故旧等谅解和不吝指正的。

王家泉
2008年10月记于广西桂平

引子
盛宴迎新春

历史的车轮滚滚向前，在改革开放的澎湃大潮中，中国人民迎来了21世纪。这是历史老人跨入新世纪后开始的又一天——2001年1月17日（农历十二月二十三日）的拂晓时分。经过了近三千里路的长途跋涉，上海申茂电磁线厂董事长兼总经理陆惠芳，挟带着一路风尘，从外地回到了上海。跟着陆总一起回来的还有厂销售科的阿丁。提着行李箱包的陆总走出站台来到站前广场，抬眼望见上海火车站广场中心的大时鸣钟上，时针与分针垂在下方几乎叠在一起——此时此刻所指正好是早晨5:30分，天还没有亮。

厂里来接站的驾驶员小张迎了上来，轻声喊道："厂长，您好！"说着伸手接过了陆惠芳的行李箱包。

三人边说边向火车站的停车场走去。走过一家家车站餐饮店时，小张建议说，是否先吃些早点再回厂。陆惠芳一边快步走着一边摇头笑道："勿了，伲直接上车回厂去！"虽然一宵劳顿，她的步履依然轻快有力。

陆惠芳和阿丁坐上厂里的小轿车，小张打开车头远光灯，一束强光划破夜色，向着远在上海东南角的南汇，小车疾驶而去。

此刻，在上海远郊农村南汇县瓦屑镇和平村的乡土上，虽说是习惯于早起的乡亲们，也依然还在酣睡中，因为腊月寒冬，此时的天色还是黑沉沉的。然而，就是在这黎明前分外浓重的夜色中，在这广袤的农村田野上，却有着一排灯火通明的厂房，那正在通宵生产的几个电磁线车间，灯光火光交相辉映

上海申茂电磁线厂每年都要举行全体职工欢度春节吃年夜饭的盛宴。这是2010年春节前夕吃年夜饭的通知

成一片,犹如夜空中的火花那样灿烂夺目,照亮了这一方土地,照亮了这个陆惠芳无比热爱的家乡——瓦屑镇和平村(旧时也叫平桥村)和她一手艰辛创立的村办企业上海申茂电磁线厂。啊,瓦屑瓦屑,陆惠芳魂萦梦绕的家乡!

　　说起瓦屑镇,这个极具特色的地名,乍一听就会让人联想起战争和苦难。果不其然,据方志出版社2004年8月出版的《瓦屑镇志》记载:明朝中叶嘉靖三十二年(1553年)至三十五年(1556年)间,倭寇曾入侵瓦屑地区。这之前在今与坦直乡交界处发生了连笔花桥的抗倭战斗。连笔花桥包围战失败后,倭寇大部队直迫新场镇,继而入侵瓦屑中心地带,纵火焚毁了张氏族居(据清光绪《南汇县志》记载:瓦屑墩镇,邑西北三十里,昔张氏聚族于此),烧毁自然村落,积瓦砾成墩,由此而得名:瓦屑墩,也即今日的瓦屑镇。之所以叫"墩",也和南汇人民抗击敌人有关。南汇面向东海,属海防要塞,为敌情需要而高筑烽火墩,这就有了一墩、二墩、三墩乃至今日还在沿用的四墩(在川

2010年2月2日,陆惠芳与职工在迎新春盛宴上

南奉公路沿线)等地名。而令人更为亲切的是,瓦屑人在向外地来客介绍自己家乡的地名时,还会用歇后语来表达,道:"倪家乡是屋坍扫地——瓦屑(满地)啊。"

正是在这个瓦屑镇上,乘着国家改革开放的东风,飞出了一个金凤凰——她,就是此刻正坐在小车上向着家乡、向着厂里疾驰而去的陆惠芳。

今天,陆惠芳是从湖北襄樊一家用户那里作了产品质量访问后,与先期已在那边联系业务的厂销售人员阿丁一起归来的。她从离沪的那天起直到今天回来,通共才三个昼夜多一点,这却是马不停蹄的三个昼夜啊!况且,1月13日那天下午,陆惠芳是在参加了在南京西路上海展览中心会议大厅由上海市工业党委召开的建设上海工业新高地争先创优活动中"上海优秀企业和先进个人的表彰大会"并领了奖后,直接从会场由小张驱车送她赶到火车站,上了西去的列车的。在襄樊,用户为陆厂长、为上海申茂厂这种关心用户征询

建厂初期,职工们在一起吃年夜饭

产品使用中的质量意见,特别是已经临近春节年关和又值铁路客运高峰期间还不远千里而亲自来访的精神所深深感动!用户方曾热情地再三挽留陆惠芳在襄樊多住两天,并要陪同她去游玩名胜古迹。湖北襄樊的名胜古迹是很多的,这里有北宋时著名书画家米芾的米公祠,祠内不仅有清代雍正年间摹刻米芾手书法帖三十余碣,还有黄庭坚、蔡襄及赵孟頫等我国历代著名书法家的手迹刻石,嵌在祠内四壁,甚为珍贵;有白马洞、襄王陵;还有"夫人城",相传东晋时梁州刺史朱序镇守襄阳时,前秦苻坚欲来犯。朱序母亲韩夫人登城巡视,发现西北角城垣防守薄弱,即率领众女婢与城内妇女齐心协力在此处斜筑新城垣一段。后此处西北角果然被苻坚攻破。幸赖这段新筑的城墙,最终击退了攻城之敌,时人因称此段城垣为夫人城,被传为千古佳话,明初留下了镌有"夫人城"三字的石匾。用户方的一位处长还特别向陆惠芳介绍了诸葛亮的故事:在襄樊市襄阳城西十多公里的隆中山东面,是三国时诸葛亮的故居,今人称为"古隆中"。诸葛亮年轻时随其叔父来到襄阳,隐居隆中,

流经瓦屑镇的六灶港

躬耕苦读。后来刘备为访求贤士,三顾茅庐诚请诸葛亮出山。诸葛亮就当时的天下形势向刘备提出了如何整顿内政,如何安抚西南各族,以及联合孙权伺机北伐曹操,以图统一中国的谋略和建议,最终辅佐刘备奠定了"三分天下"的大局面,恢复了刘家的帝业,建立了蜀汉政权。这段历史即为后人称颂的著名的"隆中对"。当时诸葛亮被封武乡侯,唐代建有武侯庙,现有三顾堂、草庐亭、躬耕田、抱膝石、武侯祠等名胜古迹。在武侯祠的右前方有石牌坊一座,眉额上刻有"古隆中"三字,两侧柱上刻有杜甫的诗句:"三顾频烦天下计,两朝开济老臣心"。杜甫这两句诗盛赞了刘备礼贤下士的精神和诸葛亮辅佐两朝立业夺天下的赤胆忠心。用户方的这位分管物资的处长对陆惠芳说:"那里不仅有很多诸葛亮的故事和传说,隆中山的风景也很优美,诸葛亮故居的草庐遗址古隆中四周群山环抱,松柏参天,溪流萦绕,整个隆中山面临着浩荡汉江,景色十分诱人,是我们鄂北的游览胜地。"对襄樊用户方的热情邀请,陆惠芳笑着婉言谢辞了。是的,陆惠芳惦记着厂里的生产,惦记着全厂

瓦屑镇老街

的职工和家乡的父老。特别是今天,上海申茂电磁线厂的全体职工包括已退休在家的老职工,加上乡亲中的花甲老人,又将团聚一堂辞旧迎新吃年夜饭,举行申茂厂第八次也是跨入新世纪的第一次迎春盛宴了。

现在陆惠芳厂长回来了。随着旭日升起,今天是个大好晴天。经过一昼夜旅途颠簸的陆惠芳,没有休息,与职工们一起迎来了朝阳,开始了工作。

今天厂里的气氛特别闹猛,近中午时分,沿着周祝公路的厂门口宽阔的平地上燃放了迎新春的鞭炮。在震耳欲聋的鞭炮声中,陆惠芳厂长站在厂大门口笑盈盈地迎来了各有关方面的客人和来宾,伴随着一批批陆续到来的退休职工和乡邻村里中的花甲老人等共有二百多人,全厂一共摆开了26桌大圆台宴席,除了食堂内连办公大楼的上下两层走道大厅里也摆满了,真是座无虚席,男女老少一片欢声笑语,互贺新年好,祝愿申茂厂更上一层楼。食堂人手忙不过来，二线的中层干部还当上了义务服务员，为各桌上菜斟酒，他们要轮到第二批哩。

陆惠芳置身在如此热烈欢快的氛围中，她的一昼夜旅途风尘倦劳，似乎也顿时消失了。但见她满含笑容，神采奕奕地与厂里的另几位领导，不时起立，频频向全厂职工、退休职工、乡亲父老和各方来宾以及瓦屑镇工业公司领导、镇党政等领导，举杯祝酒，慰问致谢！并敬祝大家身体健康、生活幸福，像芝麻开花节节高！在宴席上，有客人请陆厂长介绍过去一年的申茂厂的生产情况。陆厂长介绍说，过去的2000年，厂里完成的产值是八千二百多万元，销售收入达六千四百多万元，上缴税利九百余万元；而用户范围也从上海走向了全国各地大江南北，并向着小浪底、二滩、三峡等国家级的大型水轮发电机组阔步进军了，等等。大家静听着陆惠芳说的这一系列数据和用户情况，都受到了鼓舞，信心倍增，纷纷点头赞许，为发展势头正旺的申茂厂前景叫好。最后当陆惠芳告诉大家，就在前两天召开的建设上海工业新高地活动的大会上，申茂厂和她个人获得了表彰时，更是博得了大家的热烈掌声。

而在来宾席上，有一位来自相关业务单位的高级工程师更是感触良深。他说，他是亲身经历了申茂厂发展壮大的历程的，一开始，只有一台旧拉丝机的小打小闹呢。他还风趣地说，他的工作单位虽在上海市区，离这里较远，但因为经常来厂联系业务，所以他对申茂厂周围的田地河流环境都是熟悉的，厂的前面隔着周祝公路就是一条小河叫六灶港，十多年前，闲暇到河边走走，还可看到河边水中有甲鱼和螃蟹在不时地爬上爬下；他说他曾看到过有的小孩儿在河边浅水中玩耍捉螃蟹，一不留神会被螃蟹夹住屁股的裤子而带了上来呢。说得大家都笑了起来。

在一片喜洋洋的欢声笑语中，人们更沉浸在对申茂厂发展历程的回顾和赞叹中！在今天的除夕迎春盛宴席上，不仅有刚才这位亲身目睹申茂厂发展的

上海申茂电磁线厂前面的周祝公路（祝桥至周浦和上海市区方向）

总工程师，更有着与陆惠芳一起摸爬滚打过来的创业伙伴，也有着亲眼看着陆惠芳从孩提时代成长起来的老生产队长和老乡亲们，以及家乡村镇的各级领导。是的，十多年来，沐浴着党的改革开放的阳光雨露，也迎击着社会主义市场经济的风风雨雨，在陆惠芳厂长的带领下，上海申茂电磁线厂从小到大，一步一个脚印地走过来了；而她自己也从一个农村里的青年女生产队长，成长为一个执掌着一家正在高速运行与发展的现代企业的女企业家了……

这时，一位身体微胖个子不高却显得精神矍铄的老人站了起来，说我要代表村民们向惠芳敬一杯酒。伴随着他的话声，同桌坐着的男女老人纷纷站立起来，"阿芳"、"阿芳"的一片亲昵叫唤声。陆惠芳赶紧举杯离开自己的座席，快步走到了乡亲父老的桌席旁，"大大（南汇人对祖父辈的尊称）、大妈"地一个个亲切地叫着，请他们快快坐下，并俯身用手上的杯中红酒与他们一个个碰杯敬酒，祝他们健康长寿家庭幸福！来到矍铄老人面前，陆惠芳亲昵地唤道："大大，您是我伲的老生产队长了，您是看着我长大的，对您的关心和爱护，今天我要敬您一杯酒！来，大大，干！"她和老人碰杯，"祝您老长寿幸福！"

盛宴上再一次响起了热烈的掌声。掌声中，矍铄老人、昔日的老生产队长激动得说不成话，只是一连声地轻唤着说："阿芳、阿芳，我伲乡亲们要谢谢你，谢谢你！……你、你这些年来辛苦了……"

见此情景，一位肤色黑里透红、身板长得精干硬朗的中年汉子站了起来，说道："老队长今朝激动得说不出话来，让我来代他说两句心里话。"

"好好！"

"好，潘镇长，你来说！"

父老乡亲们一片拍手叫好声。

原来这个被唤作潘镇长的以前曾在这里担任过平桥村党支部书记，现为瓦屑镇副镇长，大名潘水祥，大家也都熟悉他。但听他举着杯中酒，朗声说道："乡亲们，特别是各位来宾，你们有的从上海来，有的从外地来，大家都听见了，我伲乡亲们叫陆惠芳不是叫她陆总，都是一口声一口声地叫她'惠芳'！这说明啥？这说明惠芳在伲乡亲心目中就是一个好女儿啊！刚才大家祝贺的话也都说了，我不再多说。大家知道吗，老生产队长为啥激动？我告诉大家：就在惠芳出差去襄樊的前一天，百忙中的惠芳，还带着礼品去村里，挨家挨户地慰问花甲老人，把礼品和红包一个个亲自送到了他们的手上！祝愿老人们欢乐地过个大年！"

潘副镇长的话，赢得了大伙儿极为热烈的鼓掌声。掌声中，他健步走到陆惠芳面前，说道："来，惠芳，镇党委和镇政府看着你们申茂厂的发展壮大，十分高兴！看着你的成长进步，也是十分高兴！我代表镇党委和镇政府，也以我个人名义，向你表示祝贺，向你表示感谢！一句话，感谢你为我们瓦屑镇、为平桥村的社会主义新农村建设所付出的辛苦，所作出的贡献！"他笑着举起

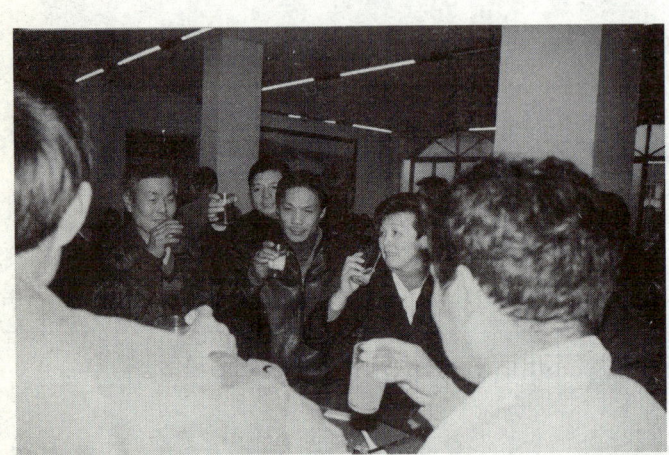

陆惠芳在迎春盛宴上向职工敬酒

酒杯向大家示意,"我提议,我们一起为申茂厂的更上一层楼,祝愿惠芳为家乡再作出新的更大贡献,干杯!"说着他一仰头喝下了杯中酒。

"谢谢!谢谢!"站起身来的陆惠芳连声说着,向大家频频举杯。

在众乡亲父老面前,在尊敬的老领导面前,在可亲的一个个艰苦创业的伙伴面前,在勤劳可爱的众职工面前,在一个个关心、帮助和支持过她的事业的来宾面前,陆惠芳热泪盈眶,激动不已!是的,此时此刻的她,感到了欣慰,感到了幸福!——这是一种人生的价值得到体现的欣慰,这是一种创业劳动结成硕果的幸福啊!

啊,惠芳,惠芳,上海南汇县瓦屑镇平桥村的女儿陆惠芳,此时此刻你在想什么?!此时此刻的陆惠芳也许脑际正映现着她十多年来的创业图像,耳畔正呼啸着十多年来的风声雨声,心中正翻腾着十多年来五味杂陈般的甜酸苦辣……

一、悠悠小河情

东西走向的弯弯的六灶港，从周浦咸塘港那儿缓缓流过来，它沿着周浦到祝桥镇的周祝公路，曲曲弯弯，时而在公路的左侧，时而又从桥下穿到右侧，流经瓦屑镇、六灶镇，向着东面的浦东运河缓缓流淌着。一路上，经过牛桥、红桥、果园桥、瓦屑、棋杆、平桥等村镇。沿着小河边漫步，放眼望去，真是小桥流水，村舍田野，一幅多么美丽的乡村景色啊！

清晨，小河上蒸腾着薄薄的雾气。平桥村头，一个中等个儿、容貌端庄的青年妇女已走出家门，向小河边走去。她就是陆惠芳，瓦屑镇平桥村菌种场的场长。她今年三十岁多一点，红润的圆脸上一双明亮的充满智慧的眼睛，嘴唇总是带着笑意，让村民们感到这是一个和善的易于亲近的人。村里上了年纪的大大、大妈或者妯娌姐妹之间，都亲昵地叫她"阿芳"或惠芳。

今天陆惠芳原计划带上场里的两个男村民，一起摇船出去，再去采购几吨水泥回来，将食用菌棚再扩建一倍。平桥村菌种场，这一阵发展得很快呢！陆惠芳和她的菌种场已远近闻名，外县都有人赶到平桥村来购买菌种。真的，

在上海申茂电磁线
厂前缓缓流过的小
河——六灶港

平桥村菌种场培育的食用菌种已不亚于书院乡的菌种,已成为南汇西部的一盏明灯哩! 随着业务的扩大,原来的菌种场已嫌小了,所以,陆惠芳决定再将菌种场扩大一倍。

当陆惠芳来到小河边,另两个乡亲也如约来了。因为河面上还弥漫着雾气,陆惠芳就说,再等一会开船吧。两位男村民就蹲在河边码头上,与一个看船老村民一起抽起了烟。而陆惠芳站在六灶港这条小河边,凝望着淡雾下缓缓流淌的河水,心情上微微起着波澜! 家乡水,甜啊! ——陆惠芳对这条小河是深有感情的。她曾是平桥村六队的生产队长,冬季农闲,有多少个冬天与乡亲们一起在小河中罱河泥啊！而自从她被调到菌种场来当场长后，更是离不开小河了，一开始，她与社员们一起一次又一次地摇着小船外出，去捡碎砖头，去买土水泥，硬是自己动手因陋就简地将有几百平方米的食用菌棚搭建起来了，开始了平桥村的食用菌培植事业。由于她肯学习好钻研，她很快就掌握了食用菌栽培技术，生产也不断提高，以致很快就远近闻名，引来很多人参观，向她学习。而她也襟怀坦荡，毫无保留地与来参观学习者交流食用菌的栽培技术，并且，她也向不少乡亲传授了食用菌的栽培技术。由于她的毫无保留地传授，曾使不少乡亲在食用菌的生产中走上了发家致富的道路，成为种菇万元户……"是的，亲不亲，家乡人！甜不甜，家乡水啊！"站在小河边的陆惠芳沉浸在遐想中。

"惠芳！""惠芳！"

忽然一声喊，将陆惠芳从遐想中唤醒过来。陆惠芳回身一看，见是场里的小姐妹阿珍一边叫她，一边向她快步走来，并且阿珍身边还有一个陌生的穿着蓝卡其布中山装的男青年。陆惠芳笑微微地迎着急走过来的阿珍问道："阿珍，啥事呀？看侬走得这样急！这位——"她微笑着把目光投向与阿珍一起走过来的男青年。

"噢，惠芳，他是从上海县杜行镇赶来的，"阿珍介绍说。"他要买一批菌种，量比较大，所以，也就要求在价格上再优惠一些。我不好做主，就带着他来找你商量，——怕你已经摇船出去，所以我才急、急、急……"她真有些结巴起来了。

陆惠芳几个人倒笑了起来。

"陆场长，"陌生的男青年自我介绍过后，道："我想，请你在价格上再优惠一些。这样，我今天就可将货带回去，钱款我也带来了。"他拍拍胸前中山装的左侧内口袋。陆惠芳思考片刻后就爽快地答应了，双方并谈妥了成交价

横跨六灶港的小
桥——行前桥

钱。男青年高兴地向陆惠芳伸出手,一边握手一边笑道:"陆场长,我姓俞,我们交个朋友吧!我是杜行镇供销合作社的,食用菌的批销量很大!你在价钱上这样爽快,今后,我伲供销社的食用菌进货,就全由你们平桥定点包下!从杜行来你们瓦屑这里又快又省路费,我们不再去福建那边进货了!福建那边价格不过也就这样。"

男青年高兴地与阿珍一起回菌种场取货去了。

就在这笔业务谈妥时,小河上的雾气也散净了,打东海边升起的太阳,晴灿灿地照着大地。陆惠芳与两位男乡亲,一起摇船出去了。"场长,"一个男乡亲喊着陆惠芳高兴地说:"我们的生意又增加了一笔!"另一个也接上来说:

行前桥南侧的树丛后面——陆惠芳幼年时的农舍

"是的,场长,我们是得快点扩大菌种场了!"他俩一边说着,一边浑身是劲地摇着橹,河水中的小船,如箭般地向前航行着。

坐在船头上的陆惠芳,听着两位伙伴的话,虽然仍微笑着点头颔首,但她心里却正涌现着一个问题:从刚才杜行镇供销社来的俞同志口中,可以听出,食用菌生产的市场竞争,也开始激烈起来了!并且,从她自己的平桥村菌种场也已有所察觉:最近县供销社的外贸订货单比去年突然少了。陆惠芳的思维是十分敏捷的,也善于思考和分析,她在想:从种种捕捉到的信息来看,由于食用菌生产一哄而起,遍地开花,由价格竞争引起的大战,必将迫使食用菌生产从高潮滑向低谷,要是这样,那后果就糟了!因为对平桥村来说,这食用菌种场，也已成为村办企业中的一个支柱产业哪！——想到此，陆惠芳心头既有忧虑，同时思想上也开始了新的思考。她在想：平桥村的食用菌虽然已远近闻名，也有大量客户，暂时不会有问题，但光靠食用菌也不行了，人无远虑必有近忧，应该未雨绸缪，早作打算。那么，究竟怎样来解决这个问题呢？陆惠芳想到了平桥村党支部，想到了刚调来平桥村不久的村支书潘水祥。于是她想，今天回村后，晚上一定要去向村党支部汇报我想到的情况，与潘书记好好商量，好好研究，找出对策。

河水潺潺，小船在六灶港里前行着。啊，在悠悠的小河情中，为了家乡平桥村，为了众乡亲走共同富裕之路，陆惠芳又在思考着和勾画着她的远景，她的事业了……

而坐在码头上看管大队里船只的村老倌，望着渐渐远去的陆惠芳坐着的水泥船，竟想起了往事。刚才一幕菌种的购销生意，他站在一边全部看在了眼里，他从心里对陆惠芳折服。老倌已有八十高龄了，腿脚依然硬实，看他身边不远还停放着一辆自行车，每天从村里到这小河边来回还骑自行车哩。他家也在七队，和陆惠芳娘家是邻里，真是亲眼看着惠芳这女孩儿一天一天长大的。他在心里赞叹着：惠芳这姑娘，怎会出落得如此有出息有才干啊！当然，作为老乡邻，他是看着陆惠芳成长起来的，从小就感到这女孩大方大气勤快能干，日后一定是个角色！他还记得她16岁那年就被大伙选做了平桥七队的政治队长……老村倌想着陆惠芳，一边遥望着小河西边不远处的一片村舍，那里正是陆惠芳的诞生地瓦屑乡平桥村范围内行前桥南、六灶港畔的陆家宅，小村子里的各家屋顶上正袅袅升起了做早饭的炊烟，随着那家家户户炊烟，老村倌感叹地想着：陆惠芳成长的往事，在伲平桥村的乡亲们几乎是家喻户晓的啊……

二、穷人的孩子早当家

陆惠芳诞生在新中国成立后的第二年，1951年的12月20日（农历辛卯年十一月二十二日），是在红旗下成长起来的。虽然如此，但由于陆惠芳特殊的家庭状况——父母均双目失明，丧失了劳动力，从而使她没有享受到童年时光的天真和幸福，十二三岁就开始劳动了。上小学学费缴不出，生产队长给写个证明免了，但还要缴书簿费，所以小学只读了二三年级，就辍学下田地参加劳动挣工分了；而一有空暇时间，她就要牵着因患红眼病而致使双目失明的父亲，走村串户地去为村民乡亲算命，为家里挣些油盐小钱。在农村，一个家庭若没有劳动力，生活的困苦窘迫是显而易见的，而这也正是在中国人特别是在农民心目里要养儿防老的观念根深蒂固无法动摇之所在：多一个儿子多一分劳动力啊！

沿着田间小路，走在村巷陋道，陆惠芳让双目失明的父亲扶着自己的肩头，踽踽而行。此时，乡亲们望着这对父女都在感叹着：这个囡多么懂事啊！她从小就是由祖母抚养大的（自己的生母在她才8个月时就已与父亲离异），在她懂事的时候，奶奶曾告诉她，她在3岁的时候曾患上了很严重的赤眼病

（也即红眼睛），并因传染致使父亲和后妈也相继得了红眼病。当她的眼病治好后，父亲和后妈的眼睛却没有治好，俩人都双目失明了。小惠芳懂事啊，爸妈的眼睛因我而传染而失明，我要好好对待爸爸，永远帮扶爸爸啊！

面对劳动，陆惠芳更是懂事：由于生母的离去，她几乎是吃百家奶长大的；才5岁，她就放牛养兔子了，三麦、油菜、水稻、棉花，她样样学样样做，十来岁就与大人一起下田劳动了。看，在成熟而繁忙的双抢季节，双季稻要收割了，还只有13岁的少女陆惠芳就来到田地里，双季稻很重很沉，但从收割、捆绑到挑抬，家里没有其他劳动力了，只有奶奶和她一起抬收割下来的稻禾；总之，凡是大人做的她也都做（在各种农活中，除了要下水田的水牛耕田犁地外)，并且做得绝不比男劳力差。笔者后来在采访已届八十余岁高龄的当年老生产队长周雪根时，他回忆道："一担稻麦有七八十斤重，惠芳这囡照样挑，一直挑到仓库场，从地里到仓库有百来米路呢。"尤其是，别人家的孩子都由大人带帮教干各种农活，而陆惠芳她却都是靠自己学看揣摸，把各种农活都学会了。乡亲们望着这个少女娃，又在心里赞叹着：小小惠芳，胜过小伙子，抵得上几个囝啊！

乡亲们从小陆惠芳身上似乎看到了老陆家的希望。

而尤其让众乡亲特别是近邻刮目的是：十二三岁的小小年纪的陆惠芳，白天同大人一起在田里干重活，晚间在家里就总是就着一盏煤油灯，捧着一本厚厚的像砖头般的书看。有时候在三秋农忙的七八月间，天气炎热，轧稻脱粒要轮班开夜工，陆惠芳被安排在后半夜，上半夜她索性就不睡，而是捧着书阅读，几乎到了痴迷的程度。是的，家里经济困难，她辍学了，但她自己不辍学，她抓紧时光如饥似渴地看书读书。她报名去读了大队办的夜校，继续补习文化课程，读完了小学五六年级的课本；同时又一部一部地阅读长篇小说：《红岩》、《林海雪原》、《苦菜花》、《野火春风斗古城》以及古代小说《水浒传》、

陆惠芳幼年旧居

《西游记》等等，和有关古时杨家将和女英雄穆桂英的故事和传说。这种阅读，不仅提升了陆惠芳的文化水平，也对她的性格形成赋予了积极的因素。在后来的采访中，陆惠芳曾对笔者回忆起阅读这些革命书籍所给她的影响：书中的女英雄人物像江姐、金环银环俩姐妹，留给了自己很深的印象，觉得做人做事就要像她们那样顽强拼搏、英勇不屈、勇往直前。那时，她同时也喜欢看电影，同乡亲们一样，每逢放映队来村里放电影（当时大多是露天电影），她也都是一部不漏地看；但她又与大家不一样，每看到一个影片中的英雄人物和英雄故事，她都久久回味，暗下决心要向他或她学习。比如，电影《红色娘子军》中的琼花、《长征组歌》中的女红军、《木兰从军》中的花木兰以及武则天等等。是啊，陆惠芳从少女时代起，就在心里把这些古今中外的女英雄视作自己的偶像，决心向她们学习，用当时的朴素想法，就是她决心做一个对家里对村里众乡亲和对生产队集体有用的人！

尽管如此，家里的劳动力基本上就她一个人，奶奶虽然也算上一个劳动力但身体不好，一直有心口痛的毛病，很少下田劳动；弟妹又小，这一年年底，陆惠芳永远不会忘记，祖孙两个劳动力分红只有103元，而实际上这103元大多是当年才13足岁的小陆惠芳挣到的工分啊。在这样的情况下全家还是靠吃透支（新中国成立初期，国家虽然百废待兴，但农村已成立了合作社，困难农户均可先行向生产队透支，基本上消灭了饥饿和贫困）过日子的，逢年过节队里给点补助。有一年陆惠芳家的透支达到了二千一百多元，生产队账上都记着，整个公社都出名。可见陆惠芳少女时代，家境的困苦已到了何种程度。这个程度还在穿衣上反映出来：陆惠芳姐妹兄弟的衣裤，都是靠奶奶在家纺纱然后织成布，到镇上染坊染上色后，再自己动手裁剪缝制出来的。并且，为了节省，有时出门，还要反过来穿。至于吃，也苦啊：一天三餐粥，青菜咸菜萝卜条。特别使她难以忘怀的是，新中国成立后上学的学费都免了，小学只要缴2元钱的书簿费，她自己辍学了，让妹妹去读书家中却缴不起这仅仅2元钱的书簿费。并且最后结算时学校还会每人退还2角钱，也就是说书簿费实际上只要1元8角。但全部学生中只要有一个学生缴不出这2元钱，那么这2角钱就一个学生都不退了。为此，妹妹被同学歧视欺负，有一次还被一个小男孩打了。

"不哭不哭！惠仙。"小陆惠芳紧紧抱住放学哭回家的妹妹，安慰她。同时陆惠芳暗暗在心里对自己说，一定要争口气，好好劳动多挣工分，让妹妹读下去。后来她精打细算，硬是从家里的油盐钱中省下了为妹妹缴出的2元书簿费。

姐姐的支持，终于让妹妹读上了中学。妹妹陆惠仙也不辜负姐姐的苦心，用功读书，考上了瓦屑中学后的第一学期就拿到了4元钱的助学金。姐妹俩高兴啊！妹妹把这4元钱交给了姐姐贴补家用。但做姐姐的却在那个星期六，对妹妹说："走，伲到镇上去！"

瓦屑镇在平桥村东面两公里许，沿着周祝公路步行约二十分钟左右。平时除了村里或生产队有事要办，陆惠芳是很少有闲暇来镇里的。今天，为妹妹领到助学金而高兴，她昨日特意加班做好了队里的活，抽空带惠仙到镇上来。

和素有小上海之称的大镇周浦比，瓦屑镇虽是小镇，但吃穿家用的商业网点一应俱全，商家店铺沿着六灶港而呈东西排列状，六灶港是贯串瓦屑镇的主干河道，沿河朝南是一排店铺，有酒楼、茶馆、饭铺、南北杂货店；再加上小河两边的邮电所、信用合作社、卫生院，等等；中间还夹杂着一些碾米、粮行、中药店、猪肉铺、羊肉摊、烟糖、杂货、裁缝、铁器、竹木铺、染色等小手工作坊；尤其是乡间农人惯例的赶早集，陆惠芳姐妹俩来到镇上时已是人来人往，摩肩接踵，再加早集上卖鸡、鸭、鸡蛋与各色蔬菜小摊贩的叫喊声，镇上也显得热热闹闹。妹妹惠仙东看西望，似乎样样都吸引她，而姐姐陆惠芳却径直把她拉到了供销合作社的布料柜台前。陆惠芳二话不说，让营业员为妹妹量了做长裤的尺寸，然后就剪了块黑色的纺绸，给妹妹做了条崭新的长裤。当时，妹妹激动得就哭了。多少年后，也已经五十岁出头的妹妹陆惠仙，在笔者采访她时，她依然沉浸在浓浓姐妹情的回忆里，深情地说道："阿姐总是关爱着我伲姐妹兄弟！"

离开瓦屑镇回家时，陆惠芳又为奶奶捎买了些吃的，与妹妹一起回家了。

乡情亲情浓浓情，劳动学习用真心！这一切众乡亲看在眼里，老队长记在心里。就在陆惠芳下田干农活不久，才十三四岁吧，就被老队长指派做七队的记工分员。那时，生产队计算单位是以一个宅子为一个小组的十至二十人不等。陆惠芳把队里每一个社员的工分记录得认认真真，清清爽爽，从来不出差错。陆惠芳是十分自强的，她认为做事要么不做，要做就一定要做成做好！这个良好习惯，陆惠芳一直保持到现在，为其后来事业的蓬勃发展奠定了性格基础。众乡亲还清晰记得，在学干农活上陆惠芳也强烈地显示了她的这个性格特征：那时她才13岁，刚下田干农活不久，有一次去秧田拔秧，有个社员因嫌她是生手怕她拔不好而不让她拔，但她很犟一定要拔。这个社员动手推她打她，但她决不退让，坚决要拔秧。终于老队长出面让她拔秧了。陆惠芳不仅拔了秧，完成得也很出色。同时，为了做好一件事，她又很虚心学习，在学插秧时，她就是向徐宝祥（现为上海申茂电磁线厂生产副厂长）的母亲虚心讨教学会的。她还懂得，万事开头难，就像家乡方言所说"砻糠搓绳起头难"那样，她一开始学做一件事就十分认真，决不有半点含糊。几十年后，陆惠芳还记得她第一次下水田插秧时的情景：徐母手把手地教，惠芳一丝不苟地学，很快她就学会了。而徐母在陆惠芳学会插秧后，又让她跟着自己的女儿一起插秧，以巩固她的插秧技术，自己则为这两个姑娘去挑秧苗。多好的一个大妈啊，徐母已经故去多年，陆惠芳依然念念不忘。童年的苦难磨炼了陆惠芳，培育了她的坚忍不拔的性格，加上她的勤学习好思索的聪慧，劳动吃得起苦做事又认真踏实的品格，并且陆惠芳从小就懂礼貌，看到乡邻大大、奶奶、叔伯、婶姨，都要亲热地叫一声，讨大人喜欢。众乡亲满意了，老队长放心了，陆惠芳16岁那年，被一致选为七队的政治队长，协助老队长做好全队社员的政治思想等工作，记好社员们的劳动工分，从一个家里的小当家成长为一个小队当家人了。

三、馄饨为媒 架鹊桥

陆惠芳被选为七队政治队长之时,正值20世纪60年代中期,神州大地的文化大革命的熊熊烈火,也烧到了农村。作为政治队长,自然就更忙了。陆惠芳除了白天干农活,抓革命促生产,为全队社员记好工分,她还要每天在田间休息时,为社员们读报,宣传党的各项方针政策,参加和平大队的文艺宣传队更是义不容辞,更何况她是个16岁的姑娘家,正值青春年华,平时本就喜欢唱歌跳舞,于是她很快就成为一个文艺活动的积极分子。

就是在文艺宣传队的活动中,她认识继而与后来成为她丈夫的顾正生相爱了。其实,还在去读大队办的夜校之初,她就认识这个年龄长她五六岁的夜校老师了。她记得那是个雨夜。瓦屑镇地处亚热带南缘,是东亚季风盛行地区,因濒临东海,雨量充沛,是典型的亚热带海洋性季风气候。特别是夏季,经常劲刮海风,由此而多雷阵雨天气。那天晚饭后去大队夜校上课,天气还是好好的,不料临下课时却下起雷阵雨来了。一下雨,天就墨黑,路就看不清楚。站在教室门口,三个同在七队住在一个村的女同学望着屋外风雨雷电哗哗啦啦呼啸交加的沉沉黑夜,不知怎么办了。那时节,瓦屑农村还没有路灯，屋外不仅路看不清，连稍远处的屋檐房角都被雷雨吞没而不见了轮廓。

一个个子不高瘦瘦的教唱歌的男老师走到了她们身边，问："怎么不回家呀，没带雨伞？"三个女同学闻声回头，见是平桥村（后改名为和平大队）的文艺宣传小分队队长顾正生。

其中一个姑娘应声道："伞是带的，就是外面黑咕隆咚的，看不清路，哪能走呀？！"这姑娘正是陆惠芳。

"喏，这手电筒你拿去！"随着顾正生的话声和轻轻"咔"的一声，一道很亮的手电筒光亮从屋门口照射出去，划破了外面的浓重黑幕，门前脚下正飞溅着雨点的一条黄泥小道顿时呈现在三个姑娘的眼前。

"那，"陆惠芳迟疑地说："你自己呢？"

"我家就在斜对面，六队，顾正生！"怕她们不认识自己，顾正生自报家门后，将手电筒朝陆惠芳手里一放，就冲向雨幕奔回家去了。浓重的夜色和瓢泼的雨幕一下子隐没了他的身影。

"哎，你拿把伞去！"见顾正生没伞而冒雨奔去，陆惠芳朝他背影喊着。她们三个姑娘伞倒是都带着的，刚才傍晚陆惠芳来夜校前，奶奶在屋外看了天色风头，见东南风劲吹，就说："东南顺发，要落丈八"，嘱她带上雨伞以防雷阵雨。她又转告了另两个姑娘，所以三人都带上了雨伞，唯独忘了带支手电筒好照亮夜路。

"勿要紧！你们快回家吧！"雨幕夜色里传来了顾正生的响亮的回答声音。

陆惠芳看到手里的手电筒还是长型三节1号电池的手电筒，是农村小伙子夜间出行最喜欢用的那种。陆惠芳的七队是在大队部西面，正好和顾正生家相反方向，见他消失在黑幕中，三个姑娘既开心又放心地笑着上路回家了。

陆惠芳在前面用手电筒光照亮，三个姑娘撑着雨伞顶着滂沱大雨，踩着已经被雨水搅和得泥泞不堪的小路，鱼贯而行，几乎是一步一趔趄小心翼翼地回到了家中。陆惠芳用手电筒光亮照着路径,直到把另两个女伴一直送到了各自的家门口后,自己才折回家中。

从大队部回到七队的家中,平时也不过七八分钟的路,今晚在风雨泥泞中却走得跌跌绊绊十分吃力,待进得家门,下半身裤脚管和一双布鞋已浸湿透水、泥浆斑斑了。

第二天一早,陆惠芳刚到队里,顾正生就找到七队来了。陆惠芳一愣,以为他是来要回手电筒的,就忙说:"哎呀,手电筒在家里,我是想明天上夜校时再带给你的。"

"手电筒你用好了!"顾正生憨厚地笑着,又讷讷喊道:"陆队长,我是特地来请你加入伲大队文艺宣传队的。因为今天下午上海卢湾区文化馆要来指导,所以请你也来参加,这是个难得的学习机会!"

本来就喜爱唱唱跳跳的青春活泼的陆惠芳欣然点头就答应了。这天晚上,她才知道顾正生在和平大队是负责搞文艺宣传的,大队的文艺宣传和对外联络都是由他出面的。这次卢湾区文化馆组织的卢湾区文艺界来瓦屑和平大队指导,就是由顾正生联系的。上级要求各级组织向群众进行宣传活动,有条件的可以用文艺形式向群众作宣传。和平大队在这方面还是有些条件的,有好几个文艺活跃分子,因此还被指定为到乡政府即瓦屑公社汇报演出的单位之一。顾正生是在大队负责这个宣传演出任务的,所以在社员中物色和挑选文艺宣传队员是他的应有职责。对陆惠芳这个容貌姣好的女孩子,他早就注意了。平时在夜校补习的课间休息,顾正生就要组织大家教唱歌,那时没有电灯,都是开着汽油灯照亮。唱歌时,灯光下,这个女孩子总是坐在前面,柔和的略带微笑的容貌给顾正生留下了很深的印象。平时她虽在夜校读书一起唱唱歌,顾正生却找不到机会与她接近。正好昨夜突如其来的一阵雷雨,送给了他和她结识的机缘。

南汇区周浦镇

这次和平大队在宣传汇报演出中,排练的舞蹈是《哈达献给毛主席》,和顾正生创作的一个讲大队民兵建设的小故事说唱。顾正生在大队的文艺宣传队中,还兼着动动笔杆子搞创作、写写大队消息新闻的"编剧""土记者"职责。卢湾区文艺界这天下午来辅导后,和平大队的宣传队又派出顾正生和陆惠芳到周浦镇去集中学习了一个星期。顾正生先去,因为学习编剧创作,他晚上是住在周浦的,后两天去的陆惠芳则每天回村。

在周浦,他俩进一步熟悉了。陆惠芳发觉这个精瘦的男青年,不仅能说会写,还志向远大很有抱负。一次中午,午饭后的短暂休息间,俩人在周浦镇街上闲逛时,顾正生给她讲了一个他在读小学时的一件事:还在读小学六年级的时候,班主任肖永真老师就教导他要做一个胸怀大志的少先队员。后来他在学校"胸怀祖国放眼世界做一个共产主义事业接班人"的活动中,在肖老师的辅导下,他就曾给阿尔巴尼亚小朋友写了封信。在全校的这个活动中,数他写的这封信最好,还被全文刊登在学校的黑板报上,博得了同学们的赞誉，获得了老师的表扬。讲罢这件事，接着他又对陆惠芳说："肖老师我一直想着她，在心里记着她的话。有朝一日，我一定要走遍全国，去看看我们祖国的大好河山！"

陆惠芳心里想：你怎么去呀？坐汽车还是乘火车？哪来这么多车费？！她只是笑笑望着顾正生没有接口。

见陆惠芳笑望着自己而未说话，顾正生猜到了她心中的疑惑，就指指镇街上正在来往穿梭的自行车，说出了一句更叫陆惠芳惊讶不已的话来：

"侬看，有一天，我就骑着一辆自行车，不要花费一分车费，去走遍祖国！"

"真的？！"陆惠芳几乎是震惊了，睁大了眼睛，惊喜地笑望着他，同时心里在想：他真是一个好有理想的人啊。

"不信，惠芳，侬就等着看吧！"顾正生满怀雄心壮志般地笑着说，并且脱口而出地第一次喊了她一声"惠芳"。这一声称呼，让他和她的距离一下子拉近了。

果然，二十年后，与陆惠芳已组成了四口（已生养两个女儿）之家的顾正生毅然骑上自行车走遍了祖国神州大地，成为全国农村骑自行车走遍祖国山河的第一人，被人们誉为农民旅行家而一举成名。此是后话，暂按下不表。

顾正生与陆惠芳从周浦学习回来，以他们俩为骨干，和平大队就正式成立了文艺宣传队，顾正生任队长。由此，每周六天，一天隔一天的晚上（另一晚是夜校读书补习文化），是文艺宣传队的排练节目活动日，俩人的接触就更加频繁了，俩人的感情也日渐发展着、加深着。

逢到陆惠芳去大队部排练节目，才10岁的妹妹陆惠仙总要跟着一起去。除了在一边观看大哥大姐们的唱歌舞蹈表演，她特别喜欢看顾正生大哥的挥舞红旗翻转筋斗和以他为主的叠罗汉。而这两个节目的排练，要在大队部前面的一块平坦的打谷场上，还要在好天气，下雨天就不行了。这个挥舞红旗翻转筋斗节目，往往是一个宣传队整场节目开演前的一道幕前戏，就是顾正生去周浦学习时，从上海杂技团下乡来辅导的演员身上学来的。每次排练，顾正生大哥的精彩表演，都博得了在场队员们和跟来看热闹的男女乡亲和小孩子们的一片叫好掌声。后来他们和平大队文艺宣传队去乡里参加瓦屑公社的汇报演出时，顾正生一出场的红旗哗哗、筋斗一个紧接一个的精彩演技，就博得了满堂喝彩。接着的演出，陆惠芳等姑娘小伙的藏族舞蹈又唱又舞的《哈达献给毛主席》和几个毛主席颂歌，也一次一次地赢得了全场经久不息的热烈掌声。最后和平大队的文艺宣传队压台戏又是有惊无险却又精彩的叠罗汉，15个队员叠成五层宝塔形，当队长顾正生单独一人站在顶端向全场观众挥舞小红旗时，演出在满场掌声和欢呼声中达到了高潮。汇报演出非常成功，连宣传队员们也为自己的成功表演而高兴得笑不拢嘴，下舞台后又是蹦又是跳的，互相拉手互相拥抱而兴奋不已！

　　火红的年代，激荡的青春，在大队文艺宣传队的频繁活动中，顾正生和陆惠芳相互之间越来越了解了，俩人坠入了爱河。但陆惠芳却没有为此而影响生产，影响农活。当时，虽然大队部曾通知，因为宣传的需要，每逢排练日，凡是宣传队员可提前一个小时结束农活回家做晚饭或吃晚饭，所得工分照记，然后到大队部去排练节目。但陆惠芳没有这样做，她在自己的七队依然同大家一起把农活干到结束，然后回家抓紧时间三下两口就吃好晚饭再赶过去排练。全队社员的工分放在节目排练回来后再记好，不管时间多么晚，就着屋里的煤油灯光她都要把全队社员当天的劳动工分记好记清楚。

　　斗转星移，日月如梭。特别是在这种狂热的年代，在抓革命促生产的口号下，时间仿佛过得特别快。眨眼间三年过去了，陆惠芳长成了一个内慧外秀的健美的姑娘，人见人爱，特别是惹得远远近近的村里小伙子们蜂拥般的或明或暗在心里的追求，说媒的人纷纷上门来了。这天星期天，一早陆惠芳正在灶头间为一家人烧菜粥,忽听在屋门外搅拌猪食的奶奶喊道:"惠芳,惠芳,有人找你!"

陆惠芳探头一看,是顾正生的姐姐。只见她搀扶着奶奶的手臂一起进了屋。陆惠芳喊了声:"阿姐!"就要出灶屋为客人沏茶,顾正生姐姐忙道:"惠芳妹,侬勿要忙了,今朝礼拜天我是来请侬去我家吃馄饨。走,到我家去!"

这顾正生的小姐姐是嫁到七队来的姑娘,和陆惠芳住同村。陆惠芳为奶奶、父母、弟妹一家子烧好菜粥,就跟着顾正生姐姐出门,来到她家。一进家门,却见顾正生也在,正在堂屋一侧靠近灶间门边的长桌砧板上剁猪肉馅。俩人相视一笑,没说什么。原来,自从小姐姐嫁到七队以来,顾正生经常来姐姐家玩,有时也帮忙干些农活家务活。而自从认识了陆惠芳,顾正生打心眼里喜欢陆惠芳后,来七队姐姐家串门就更勤了。正是"醉翁之意不在酒",这一点,聪明的陆惠芳心里也是挺清楚的。只是碍于长期形成的中国农村的习俗,顾正生还不敢贸然到陆惠芳家来玩。此刻,陆惠芳跟着顾正生姐姐走进灶间就干起活来,忙着拣刚打地头里挑拣出来的一大筐荠菜,——陆惠芳可是一个闲不住的姑娘哩。

那个年代,老百姓的生活还不富裕,尤其在农村,农民的生活水平是很低的,除了逢年过节饭桌上有些鱼肉之外,平日里的三餐是难得沾荤腥的。何况在那时的计划经济体制下,城镇居民还可每月有些定量供应的肉票鱼券等,农业户口更是没有这个"享受"的条件。所以,那时候哪一家哪一户,不管在城镇还是在农村,每逢节假日要是能自己包上一顿荠菜猪肉馅的馄饨吃,已可说是一次谈不上奢侈、也算是较为可口的美餐享受了。而顾正生这时候刚被招工不久,进了周浦镇邮政局做投递员。陆惠芳是个思维敏捷的姑娘,她一看顾正生正在砧板上剁猪肉馅,她就猜到今天包馄饨的这块猪肉,一定是顾正生凭邮递员的职工身份领到的每月定量供应肉票而从周浦镇买了带回来的。后来中午在餐桌上大家围着吃馄饨的闲谈时,果然被陆惠芳猜中,于是陆惠芳觉得很不好意思。要知道,那个年代,去到别人家里共进一顿有鱼或有肉的美餐,就如同被主人家奉为上宾一样啊!想到此,陆惠芳有些局促不安起来,吃馄饨的速度更是放慢了。而坐在一旁的顾正生却是一个声一个声地要她"多吃一点,多吃一点"。

正在灶头上大铁锅里下馄饨的顾正生姐姐更是忙着把一大碗一大碗热气腾腾的大馄饨,端到堂屋餐桌上来,同时也催着陆惠芳吃。"好好,阿姐,侬也来吃呀!"陆惠芳边点头边招呼着顾正生姐姐,并要她坐在自己身边。

顾正生姐姐坐定后,见陆惠芳停着小调羹不动,就笑道:"惠芳,侬吃呀!"又一边翻动着晾在筬箩上煮熟的大馄饨,一边放大声音说:"这两碗馄饨,惠芳侬带着给奶奶和阿爸吃!"说着忽然凑近陆惠芳的耳际,声音低得只有陆惠芳一人能听见:"惠芳,今朝这顿馄饨,是倪正生要我专门为侬包的呀!"

听了这话,陆惠芳的丰腴圆脸上忽然绯红了。坐在对面的顾正生脸上,也红了起来,显然他是知道他小姐姐在对陆惠芳说什么。午饭后,就在顾正生姐姐的房间里,姐姐为陆惠芳挑明了:倪兄弟正生喜欢她,要娶她为妻,"而媒人,就是我!"顾正生姐姐笑哈哈地说,"惠芳,下午我就上你家正式做媒提亲去!"

当天下午,顾正生姐姐伴随惠芳回到了陆家,兴冲冲地上门提亲来了,她衣服口袋里还揣上了顾正生写好的他自己的生辰年月日时。原来,按照中国旧时的男婚女嫁的习俗,是先要排一排这对男女双方各自的"八字"的。所谓"八字",即一个人出生的年、月、日、时的干支,加起来为四项,从命理学上来说称为"四柱",每柱一个天干一个地支,共八个字,所以叫做"八字",这个"八字"是每个人生来就具有,且永恒不变的。八字排出以后,再根据八字之间五行生克等千变万化的关系，从而推论这个人一生的吉凶祸福，包括他或她在婚配中的相合还是相冲关系，以此作为抉择。这种习俗，在中国农村更甚，尽管新中国已成立二十余年了，仍无法阻绝，农村的青年男女若要成婚，即使是自由恋爱的，不论是主客观，也都绕不过这一"关"。这在瓦屑乡村，就叫做"拿八字"。而顾正生姐姐之所以带上弟弟正生的生日时辰来陆惠芳家，是因为陆惠芳的父亲就懂些算命术，为弟弟和陆惠芳排八字，也就不必再另请算命先生了。

不料，陆惠芳的父亲将自己女儿和顾正生的"八字"各自排出来以后，掐着手指一推算，缓缓地对顾正生姐姐说道："令家小弟1945年生，也就是乙酉鸡年，你兄弟是属鸡吧？"顾正生姐姐点点头，陆父续道："而我女儿惠芳是1951年生，生肖属兔，也就是辛卯兔年，——就从这'年'柱上来看，他们两人的地支就是相冲的，这就叫做'地支卯酉相克，生肖兔鸡相冲'啊！俩人不配不配！"陆惠芳父亲连连摇头说不配。顾正生姐姐也听傻了眼，并且忽然也想起前几年自己在婚嫁请算命先生排八字时，顺便听到过的一句话：生肖属鸡的人，宜与属蛇、属牛的相结合，而不宜与属兔的论婚配。当下，她心里虽然暗暗为弟弟正生遗憾，却也不动声色，竟又报出两三个女孩儿的生辰年月时，请陆惠芳父亲顺便也排一排她们的"八字"，是否相合宜婚配。

陆父将另三个女孩儿生年月日时的"八字"一排，忽然一连说了三个"巧"字，连连点头道："啊呀，这三个女孩的'八字'不论是哪一个，与你家小弟的'八字'都是相符相合的，都是适宜婚配啊！"他虽然因为双目失明看不见顾正生姐姐，却也双手拱拳，连连点头拱手向着对方表示祝贺："恭喜恭喜，顾家姐姐，不管哪一个女孩儿，只要你家小弟喜欢，你就可以去下聘礼了！"

不料陆惠芳父亲的话声刚落，从门外闪进一个人来，站在堂屋八仙桌边大声对着陆父说道："花好桃好，不管哪个女孩'八字'再好，我都不要！只有陆惠芳,是我心里最要!"这声音和语气就像铁钉敲进木板似的不容置疑。

陆父被这声音着实吓了一跳;而正有些进退两难不知所措的顾正生姐姐,以及躲在一侧屋子里听父亲排八字的陆惠芳却都笑了起来。自从在文艺宣传队相处以来,俩人的感情日益发展,陆惠芳当然从心里也是认可顾正生的,也是愿意嫁给他的。刚才躲在房间里听父亲与顾家姐姐说的她与顾正生八字相冲之说后,心里顿时凉了半截。对一个农村女孩儿来说,婚嫁可是一门定终身的大事啊!好端端的一个对象,若不宜嫁,错过之后将来又嫁给谁?!陆惠芳心里顿时竟白茫茫一片了。这当儿,忽听得顾正生跨进自己家门大声说的话,不禁又喜上心来;特别让她好笑开心的是:听顾正生那几句话,就好像在编台词!"真不愧是一个文艺宣传队长!"陆惠芳在心里暗自笑着说。

而这一厢,陆惠芳父亲除了刚才被顾正生突如其来的大声说话,吃了一惊外,冷静下来一想,这个年轻后生将来可能也是有出息的。就看这"拿八字"的做法,他也反过来做!原来,在南汇瓦屑乡间"拿八字"是这样的:男家把由媒人向女家讨到的"八字"(即写有这家姑娘出生年月日时辰八个字的红帖)后,去请算命先生"排八字"。排下来若无相克相冲,男方就托媒人去提亲了。"而今天他倒好,自己先把'八字'送到我家来了!"陆父在心里笑着自语,又进一步想:凡是有逆常理想法的人,日后也许就会做出一番也是逆常理的惊人之举。——陆父是懂得一些命理学的,所以他这样思忖着,同时也默许了这桩婚姻。而后十八年,顾正生骑自行车周游全国,成为新中国第一个骑自行车的农民旅行家,一举成名,也许正应了陆父的预想吧。

就这样,顾正生与陆惠芳在1970年春节结婚了,按照中国婚姻法规,陆惠芳的户籍和关系也就从和平大队第七生产队转到了和平大队第六生产队,两队之间尽管相隔只有十分钟的路程,由此陆惠芳成为了第六生产队的顾家儿媳妇。

艰苦岁月的真诚相爱——权当陆惠芳与顾正生的结婚照吧

　　陆惠芳与顾正生后来的生活历程证明，这种以排"八字"命运为依据来进行的男女婚配，显然是一种带有迷信色彩的陋习，是不可取的；时代发展到今天，在青年男女的婚嫁生活中双方排"八字"基本上也已没有什么市场了。

　　中国农村旧时的结婚仪式是十分繁琐和讲究的，并且由于祖国疆土的幅员辽阔民族众多，婚姻礼仪的样式也呈现了丰富多彩、各具特色的场景。中国上海南汇县瓦屑镇乡村的结婚仪式，就显示了它自己特有的乡土色彩。旧时这里的结婚仪式很繁杂，要经过：打铺盖、填箱、拿嫁妆、上轿、进洞房、闹新房、回门等等程序。新中国成立后这些繁琐习俗被革新消失，只保留了新嫁娘必定要做的两件事：打铺盖和拿嫁妆。"打铺盖"，就是出嫁前一天，新娘子的红绿被头各一条，由做嫂子的亲手缝合，然后用土布把一对被头、一对枕头和布门帘打成铺盖；"拿嫁妆"，就是结婚当天，男家来人拿嫁妆。取嫁妆的人们要待女家"有请"以后方可进女家门。接着，女家长辈或新娘兄弟先搬动马桶递给对方，这叫"发妆"，发妆后，来取嫁妆的人方可搬动嫁妆。接下来，还有"排妆"、"捐铺盖"、"兜青龙"以及男家发红包等等环节，这里就不一一叙述。再说，陆惠芳出嫁与顾正生结婚之时，正值文化大革命在全国的每一个角落，搞得如火如荼之际，这时候的春节，上面本就号召全国人民要过一个革命化的春节，他们的婚礼岂能违背时代潮流？记得那时候结婚，单身的男女双方只要领好结婚证，然后把各自的铺盖卷合并放到一张床上，就可算成婚了；若手头宽绰一些的，则把男女双方的一些主要的亲戚好友请到一起吃上一桌喜酒，终身大事就这样算办成了，可以说比黄梅戏《天仙配》中董永和七仙女的成婚还要简单，——封建时代的男儿董郎也都知道"终身大事非儿戏"，提出要有媒妁之言方能成婚，而致使七仙女不得不请出土地公公主婚并让槐树做媒开口唱了一曲红媒词呢。

　　出嫁成婚时的简单，陆惠芳难以忘怀。不仅是时代的革命化要求，家庭情况的特殊也是原因：奶奶年迈，父母双目失明，弟妹幼小，家里除了自己没有劳动力，家境清贫，出嫁了家里还欠着队里的透支！所以，婚前的一切准备，不论是打铺盖，还是填箱，凡是由家里父母兄嫂为新嫁娘做的事，陆惠芳都是自己在做，亲爱的奶奶则在一旁相帮着她，一边还流泪。奶奶舍不得这个又能干又懂事又孝顺的好乖好乖的孙女儿啊！惠芳不仅是当年陆家的主心骨，更是奶奶心中的掌上明珠！三十多年后，已届八十余岁高龄的当年和平大队第七生产队的老队长周雪根回忆说："陆惠芳祖母很宝贝她！村里大家都知道,惠芳是奶奶的心肝宝贝!惠芳出嫁,奶奶舍不得啊!"老队长还记得,直到1980年,陆惠芳家才与第七生产队结清了透支,大约有人民币四千元左右。

男大当婚,女大当嫁,这是盘古以来的人生铁律。尽管家境清贫,尽管嫁妆简洁,奶奶还是依依不舍地为孙女儿完成了婚事。好在顾正生是三兄弟,在家里排行老三,上面的兄姐都已结婚成家立业,也可算是一个大家庭,因而在顾家也为三弟顾正生和三弟媳妇陆惠芳的结婚,办了几桌喜酒,邀来了双方的亲人与好友,热热闹闹地为他俩办好了成婚大礼。

陆惠芳嫁到六队后,也就全身心地投入到了六队的农业生产劳动中去。文化大革命时期,可以说是一个不寻常的年代,本来新中国成立后建立起来的一套新秩序,又被自己打乱了,致使当时国家的经济状况几乎被推到了崩溃的边缘。国家经济状况不好,老百姓生活也好不了。当时顾正生在大队政宣组工作,每年到年底要走访困难户送点钱去。因为文化大革命,"破四旧立四新",岳父给人家算命的钱没有了来源,成为全大队12个小队中透支最多的一户人家,所以他也要给岳父家送些钱去,同时还把自己节省下的粮票也送些去。从文化大革命开始不久,中央就几次向全国人民发出了关于"抓革命促生产"的一系列通知或规定,对工厂工人要求"坚持八小时工作制,遵守劳动纪律,完成生产定额"、"在八小时工作制的以外时间,坚持'文化革命',不许在生产时间内,擅自离开生产和工作岗位。"对农村农民,在春耕时要求"认真地抓革命,促生产,动员一切力量,立即为做好春耕生产而积极工作"。在秋收时要求,"应集中力量搞好秋收秋种和秋购",甚至要求"城市学校的革命师生和红卫兵,也应动员下乡,有组织地到农村参加劳动,帮助秋收",等等。但由于文化大革命开始后,在向党内一小撮走资本主义道路的当权派夺权的口号下,各级领导班子迅速瘫痪,工业战线和农业生产直线下滑,除了千千万万头脑清醒的有心人还在车间田头坚守生产岗位以外,那时候从工厂

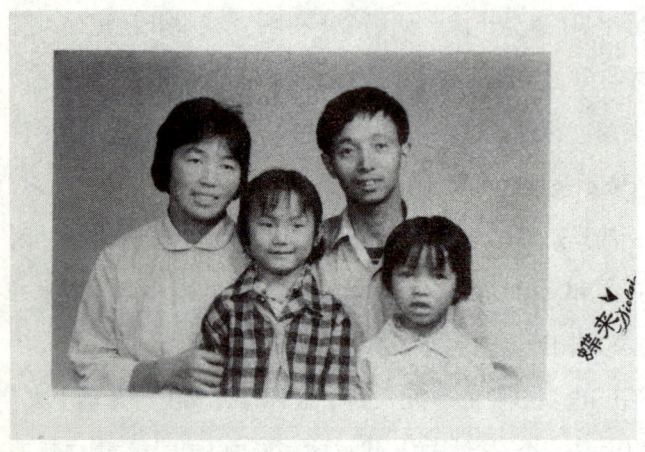

陆惠芳与丈夫顾正生和两个女儿顾琦华、顾奇军

到农村,从车间到田头,基本上已处于一种无政府主义状态。而陆惠芳就是这"千千万万"者之一,且还是一个佼佼者。

陆惠芳起早摸黑,与六队社员们一起投入到农业生产劳动中去,从油菜、三麦(大麦、小麦和元麦),到水稻、棉花,把六队的田间农活料理得十分出色,她很快就被六队的社员们推选为生产队副队长,并继续担任六队的记工员工作,获得了六队社员们的信任。在六队,副队长一当就是5年。这期间,陆惠芳的两个女儿顾琦华和顾奇军相继诞生。虽然有了两个孩子,陆惠芳仍然埋头在生产劳动中,她把大女儿琦华交给外太太(陆惠芳奶奶)带,小女儿奇军则由自己的奶奶带;她每天一清早天不亮起身,为全家烧好一大锅粥,拌好一锅猪食就到地里去了。若有人有事赶早上门来找她,总是扑个空;后来大家知道了,有事也就直接到田间去找她了。而在田头,你就总能找到她。

当时和平大队第六生产队是个较大的生产队,并且干部家属多,情况较为复杂。有些社员仗着自己是干部家属,为了一些琐碎小事,如计较工分的多寡而和陆惠芳吵闹,她都能忍下来,并尽量妥善处理好;顾正生当时做邮递员，后来又在瓦屑皮鞋厂工作，由此，顾正生与陆惠芳生养的两个女儿，由于陆惠芳把精力集中到队里的生产劳动中去而缺少照顾。"只是苦了两个孩子！"三十多年后，陆惠芳在接受笔者的采访中，不无遗憾地说；还清晰地回忆道："大女儿琦华还在6岁时就会养兔子了，还自己到田头去拔兔子草回来喂兔子，7岁，琦华就会骑自行车了！8岁，还独自骑车到东昌路的外婆家去哩！"联想到今天已成为一个堂堂上海市浦东新区政府干部的大女儿顾琦华，笔者与陆惠芳真是一起唏嘘不已。在两个孩子的教育培养上，父亲顾正生花费了很多的精力。当时，顾正生的二哥顾长生从部队复员回来后当了队干部，顾正生就不想再当队干部了。一天晚上他对陆惠芳说："我从小喜欢几何物理，喜欢动手做些小物件，你也看到了，家里的小方凳、长凳子啊，修修门锁啊，买些新花布料，给女儿做做衣衫啊，边角料做些鞋子啊，都是我自己动手的；再说，你也忙于生产队的事，所以，你就好好当队干部吧！我来多关心孩子的教育，培养下一代是我们做父母的责任，我多关心些孩子，你也放心，可以把精力集中到队里的工作上去！"自此，顾正生果然把精力集中在两个女儿身上。他培养教育孩子还真有一套：每天天一亮，顾正生就把两个女儿从床上叫起，不让她俩睡懒觉，天天进行早锻炼。早锻炼的内容更有科学性：他专门跑到上海南京东路新华书店去买了两本书，一本是东北长拳，一本是山东短打，给姐妹俩对照书上的插图看图自学，然后两套拳法合练。琦华奇军姐妹俩聪明好学，很快不到一个月就学会了，她俩把这两套拳法融会贯通合练，还自称为"顾家拳法"，引起村里小孩子们的钦羡。顾正生还带着姐妹俩到六灶港里去学游泳，姐妹俩那时才六七岁，父亲先教女儿学会在水中屏气，然后就大胆地把她们抛出去丢进水中，再游回岸边，几次来回，她俩就学会了游泳。培养孩子的胆气，也是顾正生的教育内容之一。小女儿奇军那年7岁，上小学一年级了，这年寒假中，那天爸爸带她来到浦东陆家嘴附近烂泥渡（现为东昌路）

陆惠芳的小女儿、沪剧新秀、原上海沪剧院青年演员顾奇军在小剧场演唱沪剧《影子》片断

的外婆家玩。吃过午饭,爸爸突然对奇军说:"奇军,春节快到了,你也喜欢唱歌唱沪剧,这里到城隍庙也不远了,你现在到城隍庙去买两盘你喜欢的磁带,在过年的时候,听听,学唱,好吗?"

"好,好!"奇军扑闪着漂亮的大眼睛,拍着小手欢声说道:"那,爸爸,伲现在就去!"

"不不,"顾正生笑道:"奇军,这次你一个人自己去。爸爸一礼拜上班做生活,今天正好也想在外婆家休息休息了!"

小奇军一听,把小嘴嘟噜起来了。"来来,"顾正生继续微笑道:"爸爸把从这里去城隍庙的路线,一段段告诉你。"说着他把从哪里摆渡黄浦江到浦西,那边是小东门,然后怎样走,怎样进豫园也即城隍庙,如此这般,等等等等,详细给小奇军说了两遍。然后再让小奇军复述了一遍。

顾正生问道:"记住了吗?"

小奇军点点头:"记住了!"

然后顾正生给小奇军内衣口袋里放上了50元人民币，就让小奇军独自上路了。那时正值冬天，衣服穿的也多，钱放在内衣里也安全些。

那天傍晚时分，才七岁的顾奇军从浦西的城隍庙返回到浦东烂泥渡的外婆家的时候，刚踏进家门正兴奋地叫着爸爸，要把手中用塑料马甲袋拎着的几盒磁带（其中有毛主席语录歌曲连唱、革命歌曲以及沪剧名家唱段等磁带）扬给爸爸看的时候，爸爸顾正生突然从自己身后跟进门把自己抱了起来，然后连声夸赞着：

"奇军、奇军，伲心肝宝贝成了小小英雄！"

小奇军说："爸爸，侬为啥勿在家里休息等我！"

顾正生这才把真情告诉了小奇军："奇军啊，从你出外婆家门到城隍庙，到店里买磁带，再回来，爸爸是一直跟在你身后的呀！你来回摆渡，爸爸同你在一条船上哩！"

"哎！爸爸你坏你坏！"小奇军娇嗔地握起小拳击打着爸爸的肩头。

顾正生亲昵地吻着小奇军，哈哈大笑起来。一旁的外婆笑着直怪顾正生胆子也太大！外婆直担心：要真走散了怎么办？！上海上海，茫茫人海啊！

顾正生还专门为两个女儿制订了一天学习锻炼的日程时间表，专门贴在她们挂书包的地方墙上，好让她们天天不忘锻炼。那时节，对这样的严父，姐妹俩又怕又爱：怕的是，爸爸在她们锻炼时的严格要求严厉教育；爱的是，同爸爸在一起到农田去劳动，边采摘边唱歌，又能听爸爸讲故事，这叫她俩从心里好喜欢。姐妹俩又亲密如一人，接受父亲的严格培训，从不叫苦。正是在顾正生这样充满着严格而又慈爱的教育培养下，顾琦华顾奇军姐妹俩从小就具备了热爱劳动热爱工作、处理事情有条不紊、能独立生活的优良品质，为姐妹俩的日后茁壮成长打下了良好的基础。

大女儿顾琦华在成长过程中，喜欢美术绘画，少女时代不仅能绘出一幅

顾琦华16岁时创作的梅花鹿盼春图

幅水彩画,还学会了一笔好书法,是一个出色的农村女青年书法家。学书法美术,还有一段趣话:据她父亲顾正生说,大女儿的名字原本应是顾奇华,中间一字和妹妹顾奇军一样;后来因为学书法,她自己决定在自己名字的"奇"上左边加了一个"王"字,成了"琦",成为顾琦华。爸爸问她为啥要这样加?她答道:"从中国书法艺术来说,笔画多的汉字,书写起来就更能表达出艺术性,更潇洒漂亮。"从这个细节,可以看出大女儿顾琦华是个很有思想和创新精神的女孩子。

五年后,陆惠芳当上了六队的生产队长。她不仅把六队的农活搞得红红火火,副业也干得不错,养猪、养鸡、养鸭一直到养兔子,都搞得生机勃勃,使社员的收入不断地提高,每年的年终分红都要比其他队好。这个"六队分红好"的讯息,连外队的社员都知道。以至于不知不觉间,嫁到六队的姑娘也多起来了。陆惠芳干练有方的才能显露出来了,终于,和平大队把陆惠芳上调到了大队的中心场来当场长,那是1980年,她时年30岁。

四、后起之秀初露峥嵘

1978年12月，在北京召开的中国共产党第十一届三中全会与1949年3月在河北省西柏坡召开的党的七届二中全会一样，具有同样重要的划时代的历史意义。如果说后者是为新中国的诞生奠定了党的思想基础与行动纲领，并为新中国建设作了通盘规划的一次春天的盛会；那么前者则为建设一个强大的社会主义中国、使中华民族走上了伟大的复兴之路，而廓清了思想，建立了理论，指明了方向。正是这次在严冬召开的党的十一届三中全会的指引，通过一系列的拨乱反正，全国人民迎来了改革开放的春天，很快地走上了以经济建设为中心的轨道上来，开始了风驰电掣般的前进。正是在这样的历史巨轮推动下，农业生产也迈开了快速发展的步伐，在农村中以大队为建制单位的中心场由此应运而生，并开始蓬勃发展。

大队中心场的前身是大队副业场。这里以上海市南汇县瓦屑地区为例，来追溯一下中心场的历史：1957年，在高级农业生产合作社时期，瓦屑地区高级社先后建立以养猪为主的副业场。1962年，各大队副业场曾改称为大队中心场。至1964年，瓦屑人民公社建立了11个大队中心场，和平大队中心场即

陆惠芳在办食用菌厂时去上海市农业科学院学习

是其中之一。60年代至70年代之间,在国家提出的"猪多、肥多、粮多"的口号下,大多数中心场单一以养猪为主,因为养猪不仅解决了人们的主要副食需要,也能为粮食作物提供充沛的厩肥即有机肥料之一种。只有少数中心场除了养猪外,还发展家禽饲养、河蚌育珠等其他养殖业。

文化大革命期间,中心场的状况处于停滞状态。党的十一届三中全会后,在党的号召下,为使农民走上富裕之路,瓦屑人民公社也响应国家搞"大农业"的号召,采取了"以副补农"和后来的"以工养副,以工促副"的措施。于是,各中心场广找门路,开展多种经营,除养猪外,还饲养家禽,发展禽蛋生产;有的饲养种鸡、种鸭,有的开展食用菌生产。

陆惠芳调来大队中心场后,凭借在六队当队长的经验,很快就把中心场的养殖业(养猪、养鸡、养鸭、养兔等)搞得红红火火。但是,她不满足,她一来中心场就已把目标对准到了种植业——食用菌菌种的生产上去。当时,远在南汇县东边濒临东海的书院乡因发展食用菌生产而使农民致富的新闻,传遍了整个南汇地区。有两句民谣广泛流传,南汇城乡几乎人人皆知:"种了蘑菇造楼房，造了楼房讨姑娘！"

陆惠芳向大队领导提出并得到批准，决心在中心场开辟食用菌生产。在一次中心场全体社员的会议上，陆惠芳对大家说道：

"我伲要富起来，光靠养四只脚不行！行情大家都知道了，养鸡的收入比养猪高；种养蘑菇的收入比养鸡还要高，可以说在副业中收入最高。所以四只脚不如两只脚，两只脚不如一只脚！现在国家号召我伲要搞大农业，我伲中心场马上开始搞食用菌生产！我伲平桥村也要做到：种了蘑菇造楼房，造了楼房——做啥？"说到这里陆惠芳有意停顿了一下笑问大家。

几个年轻小伙子最起劲，欢笑着高声接应道："造了楼房讨姑娘！"

中心场场长陆惠芳形象而又风趣的讲话，博得了大家的一片掌声和欢笑声。这里说的四只脚就是猪和羊，两只脚就是鸡和鸭，一只脚就是蘑菇等食用菌，它们特有的营养和经济价值，现在已经是众所周知了。

就这样，和平大队中心场开始了食用菌生产的发展之路，而这也是整个瓦屑地区率先生产食用菌菌种的中心场。据方志出版社2004年8月出版的《瓦屑镇志》记载："1981年，瓦屑人民公社在平桥大队中心场首先培养食用菌种。"

这里指的即是陆惠芳办的食用菌种生产。陆惠芳真是一个有勇气的女能人啊！要知道她这个创办食用菌生产的建议，是在一无资金，二无厂房设备，三无技术力量的情况下向大队提出的。对她的这个为了使乡亲们致富的建议，上级有关方面首先在资金上给了她支持：县农业银行向她提供了7万元的贷款。有了资金的支持，陆惠芳信心更足了：她组织带领了七八个社员，摇着船外出捡拾碎砖头，同时采购土水泥、旧三角铁等建筑材料，再找了几个泥木工，在短短的三个月内，建造了由8间原饲养场改成的近800平方米的生产厂房。在这过程中，陆惠芳总是身先士卒，虽然是冬天，经常和大家一起冒着严寒挑灯

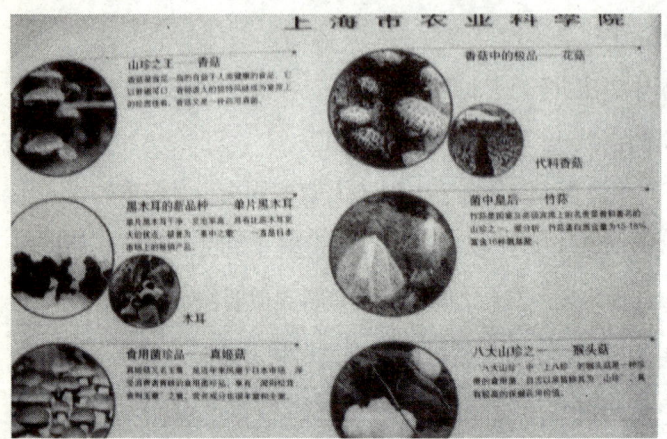

食用菌品种

夜战，做水泥地坪，安装设备，能自己动手的尽量自己动手，千方百计地节约投资费用，终于把平桥食用菌厂有模有样地盖起来了。三个月下来，大家看到，陆惠芳原来丰腴的脸颊瘦了一圈。后来她在笔者采访她时曾笑道："那时，可能是我人生道路上除了生病外，外貌显得最消瘦的一次，自己照照镜子，也觉得'勿等样'哩！"然而，大家看到自己的厂长，虽然外貌清瘦了，精神却依然旺盛，都为她这种不怕累不叫苦的以身作则的精神所感动。大伙儿对办好食用菌厂的劲头更足了！

接着，为了不影响中心场原有的工作，陆惠芳决定自己一人亲自去书院乡学习食用菌种的种植技术。从瓦屑和平大队到书院乡约有三十多里路，陆惠芳从天气转暖的春末开始，每天顶着烈日冒着酷暑，骑着自行车来回三十多公里路，不辞辛苦地坚持学习了近半年的时间。在书院乡，陆惠芳初步学习到了食用菌种最基本的制种技术；而最主要的是在书院乡，陆惠芳认识了一个可以说当时既是她的业务领导，也是她的启蒙老师的徐树华。

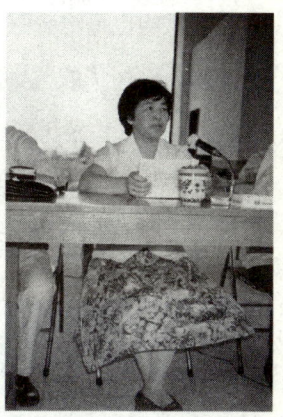

陆惠芳办食用菌厂时,瓦屑镇上的女干部来厂参观座谈,左三为陆惠芳

陆惠芳在会议上讲话

  当时徐树华是南汇县畜牧水产局的高级农艺师,负责食用菌生产这条线的工作。徐树华见到陆惠芳每天能不顾风雨不顾酷热,都能坚持来回三十多公里路程来书院乡学习,并且还发觉她十分好学,问这问那,求知欲十分强烈。可见此人学习食用菌技术、发展食用菌生产的决心之坚和恒心之常,感到此人是一个可塑之才、一个可培养之人!于是,他毅然决定,把陆惠芳荐送到上海市农业科学院去进一步深造,让她全面而又系统地学习食用菌的种植技术。

  上海市农业科学院远在上海市区西郊的北新泾镇的北翟公路上,当时隶属在上海市上海县境内,1992年上海县改为闵行区。从上海市东南角南汇县的瓦屑平桥村到北新泾镇去,路程不下约四十多公里左右,就不可能再当天回来了,陆惠芳只好住宿到了那里去学习,每周末回来一趟。而这对她来说,是不在话下的,尽管自己的奶奶已有80高龄了,身体不太好,心口痛的毛病时时要发;两个女儿还小,都需要照顾伺候。但她是一个进取心强烈、为使大家致富愿望也是十分强烈的带头人,这些困难又怎能阻挡住她的脚步呢?!对业务领导徐树华农艺师的荐送,她真正是喜出望外,因为她多么想学习技术啊!她从内心里感到高兴和激动!说实话,从小在农村中长大的这个农家女,能有这样一个进入上海的农业科学研究的高等学府学习,该是多少光荣和自豪的事啊!陆惠芳顿时回想到以前是怎样到上海市区去的:以前到上海去,只有在西瓜收获季节去卖西瓜。那时各家社员种了西瓜后,由中心场组织起来,集中提供车子和人力,运到上海去零售。到了上海,无房无家,只能在一些偏僻小路而居民又相对集中的地段,堆在路边摊在人行道上卖;晚间就在街角屋檐下搭个窝棚,作为临时歇脚睡觉的地方。在比较好的地段,当地居民委员会会事先在允许的人行道上搭建好临时窝棚,供来市区卖西瓜的郊县社员们用。陆惠芳记得去设地摊卖西瓜的地方有:大木桥附近的茶陵路零陵北路日晖一村边的人行道上(这里就有当地居委会为来市区卖西瓜的农民搭建的临时窝棚)、大世界背后的宁海路菜场边、老北站附近的新疆路农贸市场等处。那时候上海一些小市民是很看不起乡下人的,"不仅言谈语气间小瞧伲农民,"陆惠芳回忆道:"买西瓜讨价还价,西瓜称好价钿算好,等到临付钞票了,还要扼脱二三钿!如果伲不同意还要给人以白眼,真是小气!"而如今,埋头黄土摆摊卖西瓜的农家女,要到上海市农业科学院学习去了,怎能不叫陆惠芳欣喜和振奋呢!由此,极大地激发了她学习食用菌栽培技术知识的欲望。

终于,在北新泾镇3个月,陆惠芳学习并掌握了食用菌栽培新技术的全过程。其中特别是学会了食用菌母种和原种的培育技术,回家后不仅开始自己培育母种和原种,因而大大节约了成本;同时向大队的社员们供应栽培种,鼓动大家种植蘑菇,引领大家走上了一条致富之路。

种植食用菌是很辛苦的,这辛苦分为两个方面:一个是季节;一个是生产过程。从季节上来说,蘑菇从5月份开始制种,到10月份才出菇,它的收获季

平桥村民因大兴食用菌生产致富后新建起的楼房之一

节是10月份,正值欢度国庆期间好卖,因此它的生产成长过程正好是盛夏酷暑的七八两个月的大热天,是人们挥汗如雨的战高温季节;从生产过程来说,首先是栽培料的选择与配制。栽培少不了稻草、棉籽壳、牛粪等等,配制好后还要发酵,还要在晴天的太阳光下暴晒几天,然后,才能进入接种和培育生长。陆惠芳开始时原种是从外面购买来的,从上海农科院学习回来后,原种也即二级菌种就自己培育了。原种是由母种转接到稻草、棉籽壳、木屑、谷粒等为主的培养基上扩大培养而成的菌丝体纯培养物,以透明的玻璃瓶为容器培育,称为二级菌种。接着是由原种转接、扩大到相同或相似培养基上培养而成的菌丝体纯培养物,就可直接应用于生产食用菌了,这就是栽培种,也即为三级菌种。在食用菌的生产过程中,菌种的制作是食用菌栽培的前提和重要环节,它的质量优劣直接关系到食用菌的产量和质量,甚至关系到生产的成败。而其中的制种过程,要经过选定配方、加水拌料、装瓶、灭菌、接种等,细致而又繁琐,这一系列的程序都要在培养室内进行。对培养室的

平桥村民因大兴食用菌生产致富后新建楼房之一

要求也很高：要清洁卫生，通风良好，并配备有调温设备；室内要配备恒温箱，设置培养架也即俗称的床架。当时大队中心场很快就划出场地，在大队部北面周祝公路的另一侧拨出几间库房，专门用于食用菌的生产。

特别难能可贵的是，勤于学习善于学习的陆惠芳又向上海农学院的殷戎一教授学到了一门新技术：即双孢蘑菇生粪制作技术。原来常用的菌种培养基，是用猪粪、牛粪堆制、发酵、腐熟，而现在改为生粪制作，直接晒干、打细，减轻了劳动强度和节省了用工。这个技术，当时一起参加学习的有来自上海郊县各地的三十多人，结果回去后只有陆惠芳率先应用到食用菌种植的实践中去。不仅如此，在食用菌的生产过程中，由于陆惠芳的亲自动手亲自参与，在潜心琢磨下，她又创造了麦粒复合料制种技术，也就是培养基以麦粒为主，拌以生粪屑、河泥、砻糠等复合制作而成。用这种麦粒复合料作为菌种的培养基，不仅节约了粮食，且耐高温，抗衰老，能安全度过酷暑盛夏，并且经过实践证明：这种培养基特别适宜于蘑菇菌丝的生长。陆惠芳这个创造发明，当时获得了上海市农业委员会颁发的科技进步三等奖，得到奖金6000元。她将这笔奖金分给了一起干活的有关职工。

陆惠芳在食用菌生产的事业上成功了。在她的促动和推广下，和平大队的社员们广种蘑菇，几乎是全大队家家户户遍地开花。中心场的菌种场向社员们提供种子即栽培种，传授技术；同时在收获季节又担负起了收购、加工（如加工成盐渍蘑菇）、销售、出口等一条龙服务。社员们很快就富裕起来了，两年间，大队开始改造旧时的平房村舍，先后逐渐盖起了两层以至三层的砖瓦楼房，陆惠芳自己的家也翻盖起了两层的宽敞楼房。

和平大队中心场食用菌种植的成功，引起了上级的重视，到了1983年，决定将食用菌生产从中心场分离出来，单独成立了平桥食用菌厂，由陆惠芳担任厂长。并且决定将瓦屑镇上的镇办食用菌厂也并入平桥食用菌厂。与此同时，又获得了镇上农业银行的支持，贷款7万元人民币，帮助平桥食用菌厂扩大规模发展食用菌生产。

得到上级政府和银行信贷的有力支持，陆惠芳更是信心百倍，开始了大手笔的行动。她先是征地5亩，扩大了包括培养室、接种室、缓冲间在内的制种场地；接着又添置了大量设备：从拌料、装料、灭菌、接种等设备，以及各种制种用具：酒精灯、小天平、地泵、水桶盆、铝锅、镊子、接种钩、接种铲、试管、菌种瓶、菌种袋、漏斗、电炉、温度计、湿度计、量筒、塑料绳、报纸以及PH试纸等等。不论是从规模上，还是效益上，陆惠芳领衔的平桥食用菌厂在整个南汇地区开始赶上来了。

前进的道路是曲折的。就在蘑菇生产逐渐走上正轨的时候，发生了受到兔毛生产冲击的事件。原来1985年前后，国内的兔毛销售价格达到了顶峰阶段，农村里的男女老少张口闭口都是兔毛，当时在农村甚至广为流传着一句戏言："养儿子不如养兔子！"一时间四只脚的毛兔压倒了一只脚的蘑菇，有些农户还将蘑菇棚改建成兔子棚，本来种蘑菇的社员纷纷把长毛兔捉进了蘑菇房；还有的干脆将蘑菇棚拆掉了，周围乡的菌种厂几乎偃旗息鼓，平桥村的菌种厂显得有些孤军作战了。并且，平桥五队有一农户，还将已买去的菌苗原封不动地退回到菌种厂来，打算改养兔子。面对这种状况，陆惠芳非常沉着，她冷静地分析后认为：兔毛是用于人们穿着的一种毛纺织品，对穿着人们追求的只是时尚时髦，因而也是最容易变化和不稳定的，所以兔毛生产只是一时现象；而食用菌却是人们饮食中的一种农副产品，民以食为天，食用菌生产是有广阔前途的。想到这里，陆惠芳对这个来退菌苗的农户说道："蘑菇人人都喜欢吃，我伲种田人不种，啥人种？！总不可能让城市里的人来种。当然，种蘑菇确实不是一桩容易的事体，也很辛苦，但蘑菇的市场前景肯定看好，你听我的话不会吃亏的。"这位农户被陆惠芳说动了心，重新捧起桌子上的菌种瓶说："好，我听侬惠芳的，这蘑菇我种定了。"在陆惠芳的帮助下，这位农户种蘑菇获得了好收成，一年后，就翻盖了住房，从平房改建成了二层楼房。

从这家农户因想改养兔毛而欲退菌种的事件上，陆惠芳想到：种蘑菇技术性强，费时费力，而要鼓励大家种蘑菇，就必须加强对他们的种蘑菇技术辅导，以使他们的蘑菇种植能有好的收获；同时，还要为他们的蘑菇销售服务。于是，她亲自为大家辅导种菇技术，日日夜夜，走村串户，不厌其烦地为种菇农户作技术辅导；同时在菌种场的基础上办起了蘑菇加工，种菇户的蘑菇全由她的加工厂收购，解除了种菇户的后顾之忧，再也用不着为销售而担心了。而平桥食用菌厂也正式成为一家供种、栽培、收购、加工、销售（出口）食用菌的一家村办企业。

在平桥食用菌厂生产发展的成功而又短暂的历史上，还曾发生过两件大事：一是床架坍塌，共有六层（一层有五十公分，六层有三百多公分）达三公尺高的床架下正好有五六名工人在劳动，造成了三人亡二人受伤的严重工伤事故；另一件是销售到外乡的菌种质量事故。这起人身伤亡事故，发生在1987年5月间，在县镇各级有关方面（当时县公安、检察、安全都加入了）的调查中，通过取证查出了原因：搭制床架的三角铁是买的旧料，粗细不一，质量不好；加工工人操作时用手拖车装运菌种瓶（一车要装九箩筐，一筐装有八九十瓶）时对床架难免的擦擦碰撞，时间一长逐渐使角铁松动以致于发生了倒塌。这起事故作为厂长陆惠芳是十分认真对待的，她除了做深刻检查，还向上级领导主动表示说："这个事故我负全部责任！"当时正是三夏农忙，又值菌种场的制种高峰，她一边抓生产，一边对这起事故作了处理。虽然最终对伤亡人员及其家属作了妥善处理和安抚，但使当年厂里的积累资金也就大大减少了。

另一件是质量问题。平桥食用菌厂上规模后主要是生产二级菌种，一次卖到彭镇乡的菌种发生了菌虱。客户要求陆惠芳派人去处理。从瓦屑平桥到那里路不近，当时南汇县畜牧水产局的徐树华高级农艺师正好在平桥食用菌厂里指导工作，他见陆惠芳本来就很忙，厂里生产须臾离不开她，就提出由他代为去客户那里看一下，再说一方面他家住在南汇县城惠南镇，客户所在地彭镇离惠南也近，他回家也方便；另一方面，那里的食用菌种植业务也在他的管辖范围下，他去好说话。

"勿！"陆惠芳一边谢了徐树华，一边果断地道："我要亲自去！"陆惠芳对质量问题是决不掉以轻心的；再说，一开始种植食用菌，她就定下规矩：要做好服务，菌种卖到哪里，就要服务到哪里。见此情景，对陆惠芳这个态度，徐树华心里也是赞许的，就说："好，惠芳，那我就陪你一道去！"他想，陆惠芳在食用菌这个行当上毕竟出道不久，而自己则可以称得上是专家了，现在客户那里发生菌虱，作为调查研究了解情况也理应一道去处理。于是，待陆惠芳嘱咐和安排好了厂里一些事务后，陆惠芳带上一些工具和药剂，俩人就一

南汇县畜牧水产局高级农艺师徐树华（右一）在菌种现场，为农民指导提高食用菌栽培技术

同去彭镇乡了。

陆惠芳在徐树华的陪同下，在客户那里经过查看、分析，终于搞清楚客户在菌床上发生的是红蜘蛛，而不是对菌丝危害严重的"兰氏布仑螨（倘若是这种螨发生，将会对菌丝造成致命的损失）。当即，徐树华与陆惠芳一起通过分析找原因，发觉是因为菇房闷、热、湿所引起而造成的。当下，徐树华又帮助陆惠芳一起进行处理，采取了通风、换气、降温、喷药等等措施，一直忙到晚上。而客户还是不让陆惠芳回平桥，希望她留在厂里继续观察。直到最后一班郊区公交车都没有了，陆惠芳也无法回家，当晚只得跟徐树华一起就近到了惠南镇，这一夜她就只能借宿住在徐树华家中了。

这天晚上在徐树华家里坐停后，陆惠芳还在回顾和思索着这件质量问题。她对徐树华说："徐老师，今天我还得到一个经验：一进他们的库房，我就浑身发痒，一查菌种上果然附有红蜘蛛，并且还很严重，菌丝把它们喂养得连肉眼都看得见了；而往常在我们自己厂里，进库房从来没有这种感觉。看来，'进库房，浑身发痒'，就说明库房里的菌种是有问题了。徐老师，你说呢？你刚才进他们的库房时，身上有这个感觉吗？"

被陆惠芳这么一说，徐树华顿时想起，当时走进彭镇的这家菌种库房时，身上确实起了痒痒的感觉，只是当时没有联想到菌种受到的病虫侵害问题。"啊啊，陆惠芳真是个有心人！"徐树华注视着眼前的陆惠芳，在心里发生着一个知识分子的特有感叹："看来陆惠芳的前程无量啊！"徐树华的预感，也被后来陆惠芳事业的发展所证实。

陆惠芳第二天一早再到客户那里观察了菌种的生长情况，直到情况稳定了，才离开回家。陆惠芳是次日回到平桥家中的。当时在农村，对一个农村妇女来说，夜不归家而住在外面，是要掀起轩然大波的。陆惠芳是一个全身心投入在生产事业中的女性，平时她外出购种啊、卖西瓜啊，说走就走，即使远赴外省市去，她也是说走就动身，到了目的地后也一头扑在谈业务上，给家里电话也不打一个。这次到彭镇去，本就是在县里，她对家里更是不用说了。然而，毕竟是在农村，她这一夜没有回家住在外面，虽然大家都知道她是去彭镇处理菌种病虫害事故，但毕竟也有些流言蜚语在村里田头闲荡起来。当然，这都是些闲杂之辈所散布，陆惠芳根本不把它们当回事。

果然如徐树华所料，不管是工伤事故，质量问题，还是飞短流长，陆惠芳都一一跨过，率领着她的近四十名职工，使平桥食用菌厂突飞猛进地向前发展着。作为全县的后起之秀，自1981年成立平桥菌种厂以来到1986年，初步统计平桥食用菌厂的规模已达二十多万瓶的菌种，生产食用菌达六千八百多吨，出口创汇达五百多万元，使"平桥牌"蘑菇等食用菌成为南汇县最好产品，赶上并超过了曾有蘑菇之乡称誉的书院镇，被业内人士一致誉为南汇县西北角的一盏明灯。

南汇县畜牧水产局决定在陆惠芳的平桥食用菌厂召开蘑菇菌种培植现场会，让全县的同行们来观摩学习。这已是第二次在陆惠芳的厂里开现场会了。

第一次是县农业银行组织召开的现场会，那次会上陆惠芳向大家介绍的是当年投资当年收益当年还清贷款的经验。现场会上，当时的中国农业银行上海分行行长也亲自来了。实际上，这位市农行行长已来过平桥食用菌厂几次，显然他是被陆惠芳这个能干的农家女所折服了；而从金融界的角度看，这是使农业发展、农村改观、农民致富的好途径，在金融上理应给予有力的支持。所以那次现场会上，他除了亲自来参加，还带了一些上海金融界的朋友，一一介绍给陆惠芳。

当这一次徐树华把县畜牧水产局决定在平桥食用菌厂开现场会的通知来告诉陆惠芳并与之商量时，时间竟只有三天，距会期非常急促。而县局对现场会要求又很高：整个厂区包括培育室、接种室等都要粉刷至如同医院环境一样洁白，各项规章制度都要一目了然地张贴在墙上，高压灭菌锅、菌种瓶、接种水管等等器皿均要洗刷一新，等等。陆惠芳二话不说，硬是发动全厂职工在三天时间内把开现场会的全部工作准备就绪，达到了县里的要求。在这里让徐树华又一次领略了陆惠芳干练的办事能力。开会前有一件小事也是使徐树华难以忘怀的：当时华东化工学院有两位教师也要来参加平桥食用菌厂的制菌种现场会，以充实学校的教学与科研内容。徐树华与正在忙前忙后的陆惠芳偶尔提起，说让他们摆渡过黄浦江后，自己乘郊区的公交班车来厂。陆惠芳一听忙说："徐老师，你快打电话给两位老师，让他们就等在学校里，我直接派车到学校里去接他们来厂。"说着就打电话，从邻厂借了辆小轿车直驰远在浦西上海县境内梅陇镇上的华东化工学院去了。当时，陆惠芳的平桥食用菌厂还没有一辆汽车啊。

这次现场会在瓦屑镇副业公司经理范荣根和徐树华的支持、协助下开得十分成功。会上，陆惠芳向来宾们展示了他们厂培植的食用菌品种：蘑菇是当家品种，还有香菇、平菇、凤尾菇、金针菇、草菇等等。现场会上，陆惠芳

1990年12月8日《上海郊区报》第3版，农家女陆惠芳的事迹第一次刊登在新闻媒体上

除了介绍厂里的经验，还向来宾介绍了全大队家家户户遍地开花种植蘑菇的情景，而厂里主要为大家提供食用菌的栽培种，并负责传授栽培技术，然后收购、加工、销售（主要为出口）一条龙服务，使农民提高了收入，共同走上了致富之路。在陆惠芳的介绍中，有一条经验引起了与会者的极大兴趣：

原来，陆惠芳不仅发动全公社家家户户种植蘑菇，使大家走上了富裕之路，还组织了一支号称"老妈妈战斗队"的老年妇女来自己的菌种厂做制种的装瓶工作。在整个食用菌的培植生产中，培养基的装瓶工作是一项十分仔细的劳动，它要求料一定要装匀、瓶盖松紧适度、拎起来棉花塞要不脱落，料面压平、瓶口内外侧要擦净，等等，繁琐却又要认真。而这项劳动，正好适合老年妇女来做。陆惠芳这样的安排，不仅降低了工厂的用工成本，也为这些老年妇女再增加一些收入，也使她们感到了老有所值，发挥着人生的余热，为继续尝到了劳动的快乐而自豪。陆惠芳在介绍的最后笑说道：

"我伲农村妇女，从来喜欢劳动，手脚闲不住。劳动使我伲身体健康，劳动使我伲开心长寿！"

说着她一指也在现场会上的老妈妈们说："你们看，她们哪一个不都是脸色红彤彤，身板结结实实，这才真叫老当益壮呢！"

她的话赢得了与会者们的一片欢声笑语和热烈掌声。

1990年12月8日《上海郊区报》第3版刊载了一篇报道，标题是：《种菇能手陆惠芳》。文章写道："南汇县瓦屑乡平桥菌种厂厂长陆惠芳，多年来，为丰富城乡人民的菜篮子提供了价廉物美的食用菌，仅1989年就出口蘑菇210吨，被上海市农口系统评为'生产能手'。"还报道："陆惠芳事业上的成功，使她于1984年和1988年两次被评为上海市三八红旗手"。

农家女陆惠芳的名字，第一次光荣地刊登在了党的新闻媒体上。

在陆惠芳的带领下，平桥食用菌种厂的发展势头越来越旺，生产的产品远销海外，而除了本县，外县以及浙江、湖南等外省市远道来购菌种的菇农也纷至沓来。这就发生了我们在本书叙述开始时，一清早在小河六灶港边发生的一幕。

五、第一台拉丝机的故事

那天从六灶港采购土水泥回来，陆惠芳连晚饭都顾不上吃，就到大队部来找党支部书记潘水祥了。早上在小河边，从邻县上海县杜行镇赶来买菌种的俞姓男青年口中，陆惠芳敏锐地感到了来自市场的食用菌生产的压力。摇船去买土水泥的来回路上，陆惠芳已思索了好几种方案。她首先想到了，瓦屑镇党委提出的"以工养副、以工促副"的措施，鼓励各生产队、各乡村兴办工业。在船上，陆惠芳还回想起，就在前不久，镇税务所的朱所长来中心场检查财务收支账目时，与刚调来和平大队不久的党支部书记潘水祥一起问过她的一句话：

"惠芳，侬想办工业吗？"

当时，朱所长告诉她，只有办工业，才能使农民真正富裕起来，使农村得到发展。有一次陆惠芳去瓦屑镇上开会，朱所长还特意让她到税务所自己的办公室来，再次建议她办工业。并且，这次见面，朱所长还向她介绍了当时六灶乡办工业的情况。那时，在南汇，六灶乡的工业搞得比较红火，特别是家用电器生产，遍地开花，热热闹闹，市场销路也不错。朱所长对陆惠芳

陆惠芳创业之初第一台大拉丝机

说道:

"惠芳,你若对办工业有兴趣,我可以为你牵线搭桥。"

陆惠芳含笑说道:"我对办工业当然感兴趣!只是,倪是门外汉,啥也不懂啊!朱所长,你看,我们搞什么行当呢?"实际上村里也在做些吹塑这样的小工业项目,这种工业产品不仅没有什么技术含量,也是微利项目,小打小闹,成不了什么气候。而对此,朱所长也是了解的。所以他笑着回答陆惠芳道:

"我和你们的潘支书交换过意见了,你把吹塑这一块让给别人去做,你来做漆包线——这个产品,现在市场前景看好!六灶那里就需要配套。"接着他又提出,要做就正儿八经地上,正式办一个拉丝厂,而不能像吹塑那样零敲碎打。"至于销路",最后朱所长笑着一锤定音地说道:"六灶那里,我来为你搭桥!"

陆惠芳望着眼前的这位朱所长,心情是分外激动的。这个激动,不仅是因为朱所长对她和平桥食用菌厂的主动关心,而是这位朱所长原先还曾经是个要查处他们平桥食用菌种厂的一个铁面无私的税务官呢。正像俗话讲的"不打不相识",陆惠芳和朱所长的相识交往,还有着一段有趣的故事呢。

当时,上海市南汇县瓦屑镇税务所,是全国的先进税务所之一。税务工作的先进,当然表现在他们为完成国家税收的业绩上,同时也体现在他们对应纳税对象的稽查和服务中。正是这后一职责,陆惠芳的平桥食用菌种厂与朱所长的瓦屑镇税务所挂上了"号"。

原来,事情出在当时平桥食用菌厂在加工盐水蘑菇时的用盐问题上。蘑菇是人们餐桌上的副食品,做盐水蘑菇当然必须用食用盐。但食用盐的价格比工业用盐的价格要高,为降低成本,有些企业或作坊,往往就用工业用盐取代食用盐来加工一些副食品,这不仅在盐水蘑菇的制作上有这种现象,在很多副食品的制作上都有类似情况,诸如咸肉、咸鸡、咸鸭、咸蛋、咸菜乃至火腿等等腌制品,都有可能用工业用盐取代食用盐来制作。当然,按照国家的《食品法》,这样做是违规的。平桥食用菌厂的这一违规做法,被瓦屑镇税务所从企业财务账目中察觉,税务所立即派员来查处了。

那天,瓦屑镇税务所派出的稽查官是副所长,是突然下来的。因为事先毫不知晓,陆惠芳按照厂里本来的业务安排,这天一早就带着几名职工到嘉定戬浜的上海外贸仓库送供出口用的盐水蘑菇去了,而不在厂里。税务稽查人员来厂,而厂长却不在厂里,这在当时的情况下,一下子掀起了轩然大波,马上传开了流言,说:"厂长陆惠芳避风头去了!"要知道,税务稽查对一个企业来说,从来都是被看做为对头克星的。而这位副所长因没有见到当家人陆惠芳,心里自然也不舒服,扫兴而归回到镇上税务所后,汇报时也是支支吾吾,语焉不详地竟把"陆惠芳因公外出"说成"陆惠芳避风头去了"而向朱所长作了汇报。

第一台大拉丝机的侧面

"还有这等事?!"这位刚调来瓦屑镇税务所不久的新任朱所长,带着疑惑的心思,决定亲自来平桥食用菌厂看看,他想做一个详细的了解和调查——"没有调查就没有发言权。"当时毛主席的这个思想是很为党的干部们所尊崇的。

朱所长仍然没有事先通知陆惠芳来到了厂里,到厂的时候,陆惠芳穿着白大褂正在菌种培养室的床架边与职工们一起忙碌着。

见镇税务所的朱所长来了,陆惠芳忙道:"朱所长,走,到办公室去。"说着,一边欲脱下白大褂工作服。她想先到办公室向朱所长说明一下副所长来那天她去嘉定戬浜的情况。

"不忙!"朱所长笑道:"还是在这里,让我看看你们的培养室,了解了解学习学习菌种的生产过程——对这个行当我还是门外汉哩!来,陆惠芳同志,你来当我的老师,给我上上课!"

见此情景,陆惠芳也就定下心来,给朱所长介绍起他们菌种场的情况。

陆惠芳正在床架边上，她就势从在每个床架上选种开始讲起。她从如何培育和选择种菇，当种菇刚要开伞之际，放入消过毒的接种箱及培养皿内，并加注入蒸馏水，当孢子落下时，挑选优质的孢子注入试管内，一个个倾斜安放好，经过七至十天，菌丝就会发满试管，成为母种，然后培育成原种及栽培种，也就是供应种菇农户的食用菌栽培用了。

陆惠芳一边演示一边向朱所长介绍，一个讲得头头是道，一个听得津津有味。朱所长心里想：这个陆惠芳，真是个名不虚传的"种菇能手"啊！因为他顿时想起他调来瓦屑税务所时，镇领导在一次会上谈起全镇范围内的农副业生产情况时对陆惠芳的称呼。于是他笑着问道：

"陆惠芳同志，在镇上听大家讲，你这种植蘑菇的知识和技术，都是自己边做边学而获得的。现在看来，你完全是一个食用菌专家了。"

陆惠芳忙笑着摇手，说："没有没有，和畜牧局的徐树华老师相比，和书院乡他们比，我还差得远哩！"实际上，陆惠芳当时已被评上食用菌农艺师的职称了，但她是个从不炫耀自己的人。谦虚好学，始终是她个性的美德之一，这也为她日后在电磁线制造这个行业中的腾飞奠定了基础。

听了陆惠芳的食用菌生产过程介绍，参观了菌种厂，朱所长又提出，请陆惠芳带着到村里去看看农户们的培植蘑菇情况。因为他早就听说，平桥村的农户们，因种上了蘑菇而富裕了起来的情况。

陆惠芳欣然点头，换下工作服，在前带路，领着朱所长到平桥的六队和七队去走了走。

正是秋高气爽的季节，阳光明媚灿烂地照耀着平桥村的田野村舍。在陆惠芳的带领下，他们时而走在大路上，时而拐进村舍间的小道，边走边看。所到之处，展现在朱所长眼里已全是崭新的二层砖瓦楼房，有的还盖起三层楼房，原先的那种简易平房都已很少了，偶尔留下的一二间，也已被农户们用来堆杂物或放农具用或饲养家禽。走走看看,朱所长果然见到,几乎家家户户均有蘑菇的培植业务。而特别给他印象难忘的是所到之处,凡见到陆惠芳的社员们,年长的或平辈的都一口声地喊她"惠芳",比她小的则亲昵地唤她"惠芳阿姐",没有一个称她"队长"或"场长"的。可见陆惠芳在社员们和村民们心目中的亲切和可信程度了! 置身在这样的情景中,在回头向菌种厂走来的路上,一个想法在朱所长心头浮起:这就是关于平桥食用菌厂在制作盐水蘑菇时使用工业用盐问题该如何处理。他想,事实很清楚,陆惠芳以及她负责的平桥食用菌厂,是一家带领乡亲们致富的村办企业,陆惠芳更是一个一心扑在生产事业上,带动乡亲们走上富裕道路的农村好干部。对这样一家企业和这样一个致富带头人,若因违规问题就给予经济上的处罚,朱所长觉得于心不忍。因为平桥食用菌厂还属于农村集体所有制企业,厂里的点滴利润和积累还都是属于村集体所有,也就是全村社员的。当然,对使用工业用盐制作盐水蘑菇这种违规行为,是应该给予严肃处理的,他当时在心中决定:要平桥食用菌厂写一份书面检查,立即改正,并作出保证,今后不再使用工业用盐而要用食用盐来制作盐水蘑菇;至于经济处罚就免去了。正是心有灵犀一点通,正在朱所长思考着这个处理问题的时候,路上陆惠芳也主动开口向朱所长谈及了这件事。

原来,平桥大队中心场的一些种植养殖业务也属于大农业范围内,他们也可以用一定量的计划内的工业用盐。这样,在制作生产盐水蘑菇过程中,为了降低生产成本,有时候也会偶尔使用一次工业用盐。讲了这一点,陆惠芳口头向朱所长作了检讨,并保证从今后一定用食用盐制作盐水蘑菇了;同时,陆惠芳表示,厂里愿意接受经济处罚。

朱所长听了哈哈一笑道:"好好,惠芳同志,你这个态度好! 这样吧,经济处罚免了,你以厂里的名义写个检讨书交上来。我们相信你,今后不会再出现这个错误做法了！"

陆惠芳接着又把那天税务所副所长来厂，她因事先不知情而去了嘉定戬浜的情况说了说，表示歉意。朱所长连连罢手，说："免了，免了！"今天来厂经过这大半天的接触和亲历的所见所闻，他心里已经十分清楚陆惠芳是怎样的一个人了。他们在门口分手的时候，朱所长与陆惠芳握手道别时，忽然笑道：

"有一件事要征求你的意见：从现在开始，我也要像乡亲们一样，今后见到你，叫你一声'惠芳'了，你同意吗？"说罢哈哈大笑起来。

"好，好！"陆惠芳连连点头说，也笑了起来。

这就是陆惠芳和朱所长"不打不相识"的一段有趣往事。

正是在朱所长的启发和建议下，陆惠芳这天买土水泥回村和大队党支部书记潘水祥商议后，立即就行动起来了。

他们很快就找到了目标。原来，20世纪80年代，全国的乡镇企业已似雨后春笋般地蓬勃发展起来，特别是苏南模式，给了广大的农村和农民以大力兴办工业的启发。所谓"苏南模式"，通常是指江苏省苏州、无锡和常州（有时也包括南京和镇江）等地区通过发展乡镇企业实现非农化发展的方式。其主要特征是：农民依靠自己的力量发展乡镇企业；乡镇企业的所有制结构以集体经济为主；镇政府主导乡镇企业的发展。苏南地区位于太湖之滨、长江三角洲中部，人多地少，但农业生产条件得天独厚。苏南地区毗邻上海、苏州、无锡和常州等发达的大中工业城市和市场，水陆交通便利。苏南地区的农民与这些大中城市的产业工人有密切的联系，由于历史的积淀，特别是上海的大量产业工人，家乡都在苏南地区，因此通过他们，苏南地区农村接受经济、技术辐射能力较强；同时，苏南地区还是近代中国民族资本主义工商业的发祥地。新中国成立后在计划经济时期，苏南地区就有搞集体经济的传统和基础，为发展乡镇企业积累了宝贵的经验和必要的资金。

20世纪50年代末期的1958年人民公社化时期，苏南各地在集体副业基础上办起了一批社队企业，主要为本地农民提供简单的生产资料和生活资料。到20世纪70年代，这些小型社队企业逐渐发展成为农机具厂，为集体制造一些农机具。改革开放伊始，党的十一届三中全会对社队企业发展的明确支持，促使社队企业步入了一个大发展的阶段。它们利用这一地区工业基础比较薄弱的特点，抓住市场空隙，迅速壮大起来。改革开放初期，上海大量技术工人节假日到苏州、无锡等地或探亲或度假，也给苏南带来了信息、技术和管理经验。因此，历史上的积累和接受上海的辐射为苏南地区工业化的起步创造了良好的条件，而当时的短缺经济，以及一些偶然因素，如80年代中期的信用扩张，对工业化的发展也起了推动作用。至1989年，苏南乡镇企业创造的价值在农村社会总产值中已经占到了60%。

苏南地区采取以乡镇政府为主组织资源方式。政府出面组织土地、资本和劳动力等生产资料，出资办企业，并由政府指派所谓的能人来担任企业负责人。这种组织方式将能人（企业家）和社会闲散资本结合起来，很快跨越了资本原始积累阶段，实现了苏南乡镇企业在全国的领先发展。不可否认，在计划经济向市场经济转轨初期，政府直接办企业，动员和组织生产活动，具有速度快、成本低等优势，因而成为首选形式。

同样，不亚于"苏南模式"的有着大上海雄厚的工业体系为依托的上海郊区农村，从镇（乡、社）办工业企业到村（队）办工业企业，也遍地开花办得如火如荼。就以上海南汇县瓦屑镇辖下的村（队）办工业为例：它于20世纪50年代后期即大跃进时期就开始起步了，1958年，瓦屑镇红桥村、水门村、瓦南村相继办起了几个综合厂，有艾绒、塑料、铁业、木业、仪表、无线电、砖瓦、五金等加工工业；60年代中期以后，瓦屑公社棋杆村大队、窑墩大队、北庄大队、民治大队、界浜大队、窑港大队创办了队办工业企业。70年代，平桥大队、陆弄大队等也相继创立了队办工业，加工项目有翻砂、水泥制品、胶木、塑料、拉丝、纺织、印刷、刀具、冶炼、电镀等行业。据方志出版社2004年8月出版的《瓦屑镇志》记载：1983年，瓦屑人民公社已有队办工业企业14家；而至1991年，村办工业企业已增加至38家，发展十分兴旺，在一长串的企业名单上，和平电磁线厂（也即后来改名一直沿用至今的申茂电磁线厂）的厂名已赫然在列，这就是由陆惠芳一手创办的申茂电磁线厂前身。

话头说回来。陆惠芳与潘支书找到的目标就在平桥东北边的七灶乡，他们打听到七灶那里一家电工厂里有一台旧的小拉丝机要出让。二话不说，陆惠芳带了两个年轻人，在镇副业公司分管工业的一位同志陪同下，立即骑自行车到七灶乡去了。

在七灶电工厂里，陆惠芳一行看到了这台小拉丝机，虽然已是旧机器，但试下来运转还可以，经过一番价格上的交涉，当即以9600元成交（包括配套的发动机、模具等）。陆惠芳当时的心理价位，来之前就已和潘支书商定：必须在一万元以内。然后，陆惠芳以雷厉风行的动作，向人家借了一辆小货车，把这台旧拉丝机拉回了厂里。接下来，就是安装、调试等技术工作，一切都是陆惠芳组织几个社员自己摸索，自己试车，当然也请七灶电工厂的人来帮助指导，譬如安装马达等技术工作。

渐渐地，陆惠芳和几个社员们经过摸索试验，开始拉出了裸铜线即漆包线，与六灶乡的一家漆包线厂配套供货。这一年也即1985年终，经过结算，当年投资一万元左右，当年产出，还有略有盈余。初步尝到了甜头，陆惠芳决心扩大生产，进一步发展。第二年也即1986年春，陆惠芳准备再买一台大的拉丝机。结果在这件事上，遇到了波折。

原来，陆惠芳提出要买的这台拉丝机，价钱要4万元左右，若加上相关配套件，包括配电间等，初步估算价钱竟高达30万元。这对当时的一个村委会来说,哪里能拿出30万元?!何况,平桥村自办工业企业以来,由于原村委会的投资项目失误,还有两个厂均未产出经济效益,现在再要扩大生产怎么行?所以,平桥村连开了五六次支委会都未能通过。第三次支委会前,身为党支部书记的潘水祥就找另6个支部委员一个一个地分头做工作,结果还是不同意。而更叫潘水祥恼火的是:第二年也即1986年的整党中,潘水祥还被瓦屑镇党委批评,说他"花一万元去买了一堆烂铁回来","不知道珍惜村集体经济的积累"。潘水祥当时无意辩解,因为他知道,"这堆烂铁"是为平桥村产生了经济效益的,虽然因为刚起步,效益还不显著。

这时,已是共产党员的陆惠芳,在知道了支委会的意见后,就对支部书记潘水祥说:

"老潘,这样吧,你就不要再在支委会上耗费心思了!这4万元,我自己设法借来!"并语气坚定地说:"我伲平桥要发展,一定要增加投入!这台拉丝机,我定要买回来!"

潘水祥是1984年3月调来和平大队担任党支部书记的,当时陆惠芳是中心场场长,而陆惠芳就是在潘水祥任支书之初入的党,潘水祥正是陆惠芳的入党介绍人。自从1984年3月,潘水祥结识陆惠芳以来的近两年时间,潘水祥就深刻了解了陆惠芳这个女性的不同一般农家女性格的魄力:她事业心极强,凡要想做的事,再难也要做成功;凡认定的目标,险阻再大,也一定要实现!听了陆惠芳的这个表态,潘水祥就说:"好吧,惠芳,我相信你是有办法的。不过,这就为难你了!"同时,作为党支部书记,结合考虑到当时的上上下下情况(比如自己在参加镇里整党中所受到的批评,当然他没有将此事告诉陆惠芳),提醒陆惠芳说:

"惠芳,平桥村要发展,乡亲们也要富裕,你要做好这个带头人!但你也要谨慎小心,要一步一个脚印啊!"潘水祥这样说,是有缘由的,原来已有人民来信寄到了镇党委，反映平桥食用菌厂和陆惠芳的问题。只是按照组织原则，他没有告诉陆惠芳。这封人民来信中提到的问题，实际上潘水祥是全部了解的，都是在为了平桥办工业中发生的问题，陆惠芳没有一丝一毫的私利在内，随着情节的展开，后面会逐一提到的，这里暂且不表。对潘支书的提醒，陆惠芳也认真地点点头，说："老潘，侬放心，我会记住你的话！"

果不其然，正是从这台要花费4万元购买的拉丝机开始，陆惠芳在办工业的道路上，开始了她人生征途上的曲折、艰难的跋涉。

六、砻糠搓绳起头难

陆惠芳自己想办法，通过私人关系，借来了4万元钱；同时又到周浦镇的朋友那里借了两辆车，还是到川沙张江乡团结村去把这台拉丝机运载回来了。与此同时，和平电磁线厂（原先叫平桥动力机厂）的牌子也正式对外挂了出来。

陆惠芳和潘水祥俩人在做上面两件事的时候，有些紧锣密鼓抢时间的味道。上面说到，购置这第二台拉丝机，平桥大队支委会就三番两次通不过；同时还有两个人也反对：一个是当时上级镇工业公司的副经理，一个是当时南汇县里的某领导。他们首先对陆惠芳与潘水祥要扩大的这个项目表示肯定，认为这个项目是好的可以的。但他们的意见是，陆惠芳你们平桥就这样拉拉漆包线也就可以了，何况你们食用菌搞得红红火火；而后者更是明说，买这台新拉丝机准备扩大的电磁线项目，放到坦直去做。原来这个县领导是抓社办工业的，南汇新场镇坦直那里有一家动力机厂就是他亲手扶植的。

面对这个情况，反而进一步坚定了陆惠芳与潘水祥办这个项目的决心。他们想：既然两个领导认为这个项目好，我们为啥不上？！一致的想法，使陆、潘俩人趋于一致地很快行动起来。当然，在行动之前，潘水祥再一次召集支委会讨论。他在会上把这个项目的前景以及两位领导看好这个项目的态度，同时说了说；再一次向大家表示仅靠现在的项目，我们平桥是很难大发展的，我们平桥要发展，一定要再投资。最后表决通过了，并分了工。陆惠芳负责借4万元钱；潘水祥负责与出让的对方落实并去装运机器；大队长负责用钱的账目签字，等等。二十多年后，潘水祥向笔者回忆当时去装运这台机器时的情景还记忆犹新：

那天，派去张江团结村接运拉丝机的汽车跟着潘水祥已过去了，但说好的陆惠芳去借的4万元支票还未拿到，那里不放货。直到下午三点钟，钱还未送来，天又下起雨来了。这时潘水祥着急起来，与对方说，希望让拉丝机先运回平桥，因为运输车是从周浦朋友处借来的，说好当天要还；再说若天黑下来装卸机器就不安全了。潘水祥对那个团结村机器厂的厂主说："你让我们把机器先装走，我潘水祥人不去，待在这里，等钱来了，我再回去！钱今天一定能送到，晚上若不送到，今天的晚饭我老潘请侬！"这样才总算先把这台拉丝机装运回到了平桥。不过，也很快，当时平桥厂里的财务申建华就冒雨骑着自行车，把一张4万元的支票送到了张江团结村的厂主手里。而货车已装机器先回去了，于是潘水祥只好坐在申建华的自行车后座上面回到平桥村来的。当时的申建华是个年轻小伙子，一路上骑自行车后座上载着个人，也不觉得累，倒是坐车人潘水祥被颠簸的不行。"那天二十多里路，坐在自行车后座上，直把我坐得臀部肌肉生疼、两条腿荡得发僵哩！"潘水祥笑着回忆道："那个情景真是难忘！"在一起回忆的陆惠芳笑说："潘书记还当了一趟人质——钱不到他只好被'押'在那里了！"

当时，他们之所以这样雷厉风行，果断地去联系购买、借钱、装运等把这台机器拉回来，与当时的宏观环境有关。一方面，20世纪80年代中期，在党的发展经济政策的指引下，农村的工业项目方兴未艾。在中国广袤的农村土地上，从县镇到乡村，各方能人正在各显神通地投身到各种各样的工业项目中，或与大中小城市的工业项目配套，或单枪匹马地杀向市场，在祖国大地上形成了万马奔腾的局面，使中国的经济开始步入了快速发展的通道。就拿平桥食用菌厂厂长陆惠芳和大队党支部书记潘水祥决定投资扩大的这个电磁线生产项目来说吧，就被以后的电力工业发展历史所屡屡证明，他们是有眼光的，也是有魄力的。何况，当时镇县的两位领导不是也一致看好这个项目吗？只是要他们让给别人办而已。所以，陆惠芳与潘水祥俩人心急火燎地去办这件事，也可以说，是生怕这个项目和这台拉丝机落到别人的手上去！另一方面，当时文化大革命结束不久，我国还处于严重的短缺经济时代，生产资料和生活资料还较为匮乏，尤其是生产资料，供应还处于紧张状况，你若不及时去占有，眨眼间就可能转到他人手中去了。而恰恰也正是在这里，已经可以看到陆惠芳这个农村女能人的竞争意识的端倪了。在一个企业家成长的道路上，除了发现先机的敏锐眼光、果断投入的魄力和良好的信用外，还必须有强烈的市场竞争意识。只有对市场的充分把握，才能驾驭市场，然后制胜市场，获得企业的良性发展。我们已经可以看到，在食用菌的生产上，陆惠芳就先已察觉了正在发生的激烈竞争，从而开始未雨绸缪，一面继续进行着食用菌生产，并予以进一步地完善（去采购土水泥，巩固和扩大食用菌的生产场地）；一面开始投身到电磁线生产的项目上来了。

然而，办好一个工业企业绝不是简单的，这台新拉丝机到位后就碰到了第一个问题：电力供应。这时期，供电已经不成问题了，据瓦屑镇供电历史资料记载，到1983年，瓦屑人民公社就已有配电变压器30台，总容量4690千伏安，已架外线达156.22公里。到平桥大队，用电已不成问题。问题在：这台拉丝机大大增加了用电量，厂里需购一台高压电的变压器，同时建起配电间，才能将变电所的电能接到自己厂里来，供拉丝机使用。而一估算，购买这台

南汇区瓦屑镇新商业街

变压器加上建造配电间，预算就要人民币11万元。这又一次难住了平桥大队的村委会。

怎么办？当时供电所的同志来厂看过后，发觉平桥现在的一台配电变压器是180千瓦，仅供队里的两个企业用电。若陆惠芳的这个新项目加上去，这台变压器就不够了，必须再增加一台大功率供电的高压配电变压器，同时另盖一个配电间，而这个预算仍然需要十多万元。

一直跟着镇上下来的供电所监察员勘察的陆惠芳，试探着问道："那么，如果我伲平桥把180千瓦的变压器请你们换一台大的，是不是可以？索性调换成公用的高压变压器，伲平桥所有的加工企业都用这台变压器。这样配电间也不必另造了。可以吗？"

这个监察员望了望陆惠芳，在心中想："你这个人倒真会动脑筋，真是一个名不虚传的女能人呢"，平桥陆惠芳这个种菇能手早已远近闻名，他也早已相识。但他嘴上则微微含笑敷衍道："陆厂长，从你这台拉丝机的铭牌上看，再加上你们平桥五六个企业用电，估算下来，没有300以上千瓦的高压变压器，恐怕不行！"

心直口快的潘水祥在一边道："那伲大队就写个报告给供电所，申请换一台300千瓦以上的高压方泵。"他脱口而出把变压器说成了俗名也即英文 transformer 的译音简称。

陆惠芳想要暗暗拉住潘水祥不要说这话，已经来不及了。她知道潘书记也正为这11万元而着急，想为平桥省一点投资，能省多少就是多少。但她多年来知道，在经济发展中农村大办工业势头正旺的今天，一直被誉为"兵马未动粮草先行"的电力供应，从来都是面孔朝南的。在与这个垄断行业上办事和打交道，要不下一点"注"，是很难奏效的。果然，只听这位监察员说道：

"我们所里现在也没有300千瓦以上的变压器，大概县局里也不会有。现在到处在发展办工业，用电紧张，方泵缺货啊！"说着他用异样的却带有笑意的目光看了看陆惠芳。

正是吃午饭辰光，陆惠芳留这位监察员在厂里的食堂吃了饭。她早就专门嘱咐炊事员杀了只鸡，蒸了条鱼，还炒了个葱花鸡蛋，开了瓶王朝葡萄酒。吃饭时，陆惠芳一边向他敬酒一边笑着对他说："这样吧，方泵伲自己想办法买一只来。到辰光，伲上门去请你来厂指导验收。你帮的大忙，我陆惠芳是心中有数的！"她朝他会意地笑着点了点头。

送别供电所监察员时，陆惠芳将好几袋出口包装的盐渍蘑菇并成一大袋放到他自行车的后座车架上，说："伲厂里呒啥值铜钱的货，带点厂里特产，给你们所里同志尝尝鲜！"

监察员走后，陆惠芳正和潘书记商量着该到何处去买旧方泵也即变压器时，办公室电话响了起来。潘水祥接起电话，对方说让陆厂长接听。陆惠芳接过一听，是刚才离去不久的监察员。原来他已回到了镇上的供电所，他是特意打电话来告诉她，松江城那里有变压器修理厂，可能有旧的变压器卖。"只

南汇瓦屑的变电站

是,你们买回来改造组装的技术问题,要自己解决哦!我们只管监察验收的!"电话末尾他补上这一句。

放下电话,陆惠芳与潘支书都松了口气,同时也会心地笑了。

第二天,陆惠芳带着两个职工,直奔松江县城,在那里买到了一台315千瓦的旧变压器。

既然供电所的监察员已经默许他们平桥配电间换一台公用的变压器,接下来的事情就容易解决了。陆惠芳立即通过平时在经销食用菌业务而累积起来的人际关系中,很快从上海一家铜材厂里找到了一位姓单的电力工程技术员,请他来平桥帮忙改造和组装这台315千瓦的高压变压器。这个技术员是利用他们厂的厂休日来的,并且还是悄悄地来的平桥,还不让人家声张,并且最后在工程完成后领取报酬时,还不肯在领款单上签字。这个单姓技术员之所以这样谨慎小心,原来是有一段故事的。

20世纪80年代初,在党的十一届三中全会指引下,把工作重点转移到经济建设上来的国策,立即催发了全国广大农村干部群众兴办社队企业、为建设新农村而全面发展农工副的高涨热情。然而,发展社队办企业不仅需要资金,更需要技术和人才。特别是人才,某种程度上比资金和技术还重要。于是,全国农村特别是乡镇企业最先发达的江浙沪以及南方各省,在兴办社队工业中,都把寻找和聘用各类工程技术人才放到了首要位置,有的地方还专门成立了"技术顾问团",为自己地区的各项目各企业聚集人才。例如当时上海奉贤县(现为奉贤区)的钱桥镇,组建了一个由各种技术人员八十多人组成的钱桥镇社队办企业"技术顾问团"。这个顾问团中有大学教师(多数是理工科大学的),有工厂的工程技术人员,也有已经退休的各行当的技术工人。他们的工作形式是:每周(大多数在星期日)到钱桥一次,坐公交车往返、车费报销,在厂食堂用餐,帮助社队办企业会诊、解决生产中的技术问题,等等。镇上则给他们每人每月发一定的经济补贴,这补贴十分菲薄,钱桥镇那时发给每人每月仅10元至20元不等的补贴。即使如此,这些一心搞技术的人也乐此不疲,愿意为这些社队办企业贡献自己的才能。就在这种被当时社会上形容为"星期日工程师"现象蓬勃兴起的时候,在上海发生了一起震惊全国的"韩琨事件"。

这起事件也就发生在上海奉贤县的钱桥镇。它的过程是这样的:1979年至1980年间,上海市橡胶制品研究所的工程师韩琨,在亲友的一再请求下,成为钱桥"技术顾问团"的一员,以自己的技术和辛劳,利用每个星期日,从上海市区赶往远郊奉贤县钱桥镇,为那里的一家橡胶塑料厂研制成功了出口产品上急需配套的橡胶密封圈,不仅填补了国内空白创造了外汇,而且还救活了这家差点濒临倒闭的社办企业。为了表彰韩琨,工厂经镇党委会讨论决定和镇工业公司批准,发给韩琨奖金加上报销往来市区和郊县钱桥镇的交通费等等,总共3400元钱。谁知,就是这笔3400元现金,韩琨在签收后,竟构成了韩琨的"受贿罪"。他任职的单位宣布对其进行审查;检察院以涉嫌受贿罪立案并向法院起诉。由此，"韩琨事件"发生，一个有功之臣的"星期日工程师"一夜之间变成了罪人，媒体报道后全国震惊！

围绕着"韩琨事件"，从法官、检察官、律师、教授，到党总支书记、党委书记；从科长、处长、厂长、院长，到记者、主任、总编辑，纷纷登台，在权与法、罪与罚、情与理、收与放、破与立等方面进行着冲撞、较量。此事件在全国法律界和媒体上沸沸扬扬，持续了有三年之久，其间还曾引发了《光明日报》开辟专栏进行了全国范围内的大讨论，题目是：《如何看待科技人员业余受聘接受报酬——关于助理工程师韩琨问题的讨论》。这期间，虽然法院在判决中对韩琨宣告无罪，检察院也发出了对韩琨的"免予起诉决定书"，但韩琨在单位里却继续处于被隔离审查的地位。直到1983年有关部门就韩琨事件进行了研究并作出决定"韩琨的行为不构成犯罪"。

"韩琨事件"虽然尘埃落定，但其带来的影响是极具破坏性的，在很长一段时间内，"星期日工程师"们几乎都有些偷偷摸摸处于地下状态；有的被单位发觉而遭批评后一气之下则干脆辞职，去了聘用他的那个乡镇企业工作，何况所得报酬要比原单位高，有的还高许多。——这也是20世纪80年代后期，有些中小型国企最终破产的原因：人才流失的同时，还带走了技术乃至客户！失去了客户也就失去了市场，自然偃旗息鼓；而获得了人才、技术和市场的乡镇企业却正好得以借势成长壮大起来。正是这个事件的阴影，使陆惠芳请来的单姓技术员不愿在给他的报酬单上签收。他这次被请来平桥，是为这台旧变压器并包括对配电间的改造和组装。所谓变压器，即是利用电磁感应作用，将一种或几种电压的交流电变成频率相同而电压不同的交流电的一种电气设备。通常有单相和三相、芯式和壳式之分。技术问题并不复杂。但就是这样的一个变压器及其配套工程，这个单工也连来了四个星期天才完全改造、组装并调试好，最后获得了供电所监察员的验收通过。前后时间竟花了一个月，厂里才通过配电间接上电能，使这台拉丝机运转起来开始了生产。这个工作，陆惠芳和潘支书商量并经大队支委会批准，决定给单工报酬是6000元。这个报酬，在当时来说，是很丰厚的，要知道，改革开放之初的80年代，"万元户"已可算作富豪了，已是人们钦慕的对象。对单工的这个报酬标准，是陆惠芳定下的，开始讲好是来一天付报酬1200元，来几天算几天，同时看完成任务后的质量。单工每星期日天不亮就在浦西乘上市区的头班公交车，到江边码头乘头班黄浦江渡轮摆渡到浦东的周家渡，又赶上头班郊区的周南线公交车赶到平桥，电磁线厂的职工们也正好上班；而晚上厂里职工下班了，他却不下班，一直干到可以乘末班公交车、末班渡轮回到上海去的时间才歇工，正是两头摸黑，十分辛苦。就这样一连来了四个星期日，把这台315千瓦配电变压器和配电间改组得非常成功，这位单工在电力设备方面的技术水平也获得了供电所监察员的称赞，认为是高水平的。因此，陆惠芳最后对大队提出给单工6000元的薪酬。她的理由几乎和发生"韩琨事件"的奉贤县钱桥公社的那个党委书记一样："单工利用业余时间，放弃休息，起早摸黑，来伲平桥为我们的企业服务，这是为我们农村集体创造财富，为伲平桥电磁线厂发展作了贡献，这是一个大功臣啊！比起伲厂里今后的发展，这些薪酬是应该付给他的！"

陆惠芳的一席话，说服了大队支委会，一致同意。而陆惠芳这个对有功人员的大手笔奖励，在她日后的事业发展中屡次再现，——随着本书情节的展开，读者将会渐次看到。——而这次从买一台旧的高压变压器改造到付给单工的报酬上，已可看到陆惠芳在创业路上所显露出来的企业家应具备的又一种素质：人尽其能，物尽所用；奖惩分明，善待职工。

然而，问题还是不断：现在单工在付给他的报酬单上不肯签字。怎么办？负责用钱的大队长来找陆惠芳了。"收款人不签字财务上无法做账"，他对陆惠芳说:"这是财务规定。"

"规定也要根据实际情况,"陆惠芳果断地说:"我来代签,你和潘书记也各签上大名作证,三人签名财务上也好入账了吧!反正,钱是给了单工的,不是进我们的口袋。"

就这样,这个问题解决了。

平桥食用菌厂兼和平电磁线厂两个厂厂长的陆惠芳,从这台新拉丝机投入使用开始,迈出了新的步伐:食用菌生产依然在进行;而电磁线生产则上了一个台阶:开始拉扁型裸铜线了。

七、大跨越

据《辞海》释义：电磁线是用于电机、变压器、电器、仪表等做作线圈的导线。一般指包纱、丝、薄纸、石棉纤维、玻璃纤维、合成薄膜等绝缘材料的导线。——就是这种工业用材，陆惠芳这个农家女把它看成了自己的人生目标，开始积极地勇往直前地投身其间了！

此时正是1987年，陆惠芳36岁，一个女性最成熟的年龄段。此时，食用用菌生产还在继续着，陆惠芳利用生产盐水蘑菇经常要与生产工业用盐的厂家打交道中，了解着各种工业项目的投资价值和发展前景。她特别关注和了解着这个她刚起步的电磁线生产项目。她清醒地认识到，她这次的起步，和从中心场的养殖业转到食用菌的种植业不同，这是一次真正的向工业生产的大跨越，她将面临着以往从没有过的更大的挑战：技术、人才乃至市场。这时候，她还想起了在种植食用菌同时，为了以工补副，她也曾为大队搞过一次小工业，那是吹塑项目，产品是糨糊瓶。她还亲自骑着自行车到北蔡镇去买吹塑机。后来看到小电器市场火爆，漆包线需求量大，她就毅然把吹塑项目让给了别人。现在同样，陆惠芳又一次看到了前景更为广阔的工业项目。她是有思想准备的——她经常对职工说,"竹有节,人有志,只要有志气,没有走不通的路,也没有做不成的事!"所以,她首先要做的是确立信心。

和开始小打小闹时生产单一的裸铜线不同,现在要正式生产扁型电磁线了。那时,单一的裸铜线,和六灶那边的一些小电器厂配套供货,业务量虽然也不少,但陆惠芳总感到发展空间不大。当时,随着我国改革开放的深入,20世纪80年代中期,人民物质文化生活水平的日渐提高,对家用电器如电冰箱、空调、电视和收录机等的需求也日益加大。尤其是电视机,正逐一走进寻常百姓家;至于收录机,在大都市,经常可以看到有年轻人提着各种各样的或进口或国产的收录机,一边高音播放着流行歌曲,一边招摇过市,把动听的流行歌曲和音符洒了一路,而成为都市风景中的一大时尚。家用电器的产销两旺热潮由此可见一斑。然而,家用电器若和工业上的大电机相比,就是小巫见大巫了。陆惠芳经过深入调查,发觉电磁线是电机、电器工业不可缺少的配套产品,而电机、电器行业的大、中型工厂遍及全国各地,电磁线的用量非常之大,其中很大一部分的电磁线还依赖从国外进口,至于电磁线生产的原辅料,陆惠芳经过摸底,在上海的一些有关厂家中也占有优势。只要生产的电磁线形成拳头产品,就一定能打开销路。

看到了市场前景,信心树立起来了。为打开产品销路,陆惠芳等人辛勤地四处奔走联系,上市计委、去郊县工业局等部门"找米下锅",陆续与一些单位建立了供销业务。最初的生产还是小打小闹,生产裸铜小圆线,由圆拉扁也仅仅是从3厘米拉到1.2厘米,相对供货的也都是六灶乡和本地区的一些小电机小电器厂等小单位。后来还陆续添置了同业弃置不用的几台旧拉丝机。但尽管如此,仅3年时间至1990年底,陆惠芳创办的这家村办电磁线厂,全员劳动生产率达九万四千余元,经济效益已在南汇县的乡镇企业中成为佼佼者。至此,陆惠芳终于迈出了一大步——在产业结构上成功地从农副产品的栽培转换到了工业品的生产上，实现了以工补副的愿望。

初战告捷，给了陆惠芳以极大的信心和鼓舞。但陆惠芳并不满足。为求得工厂的进一步发展，陆惠芳以其积极进取的事业心和敏锐的市场目光，开始寻找新的更大的机会。这时，有一个人引起了她的注意：上海电机厂的采购员朱进根。陆惠芳和朱进根的相识，同样有着一段有趣的往事。

有一天，有人听说和平电磁线厂开始生产扁线了，就拿了一段扁电磁线的样品，慕名来到了陆惠芳的厂里。经过两三年的奋战，和平电磁线厂在南汇县已小有名气，尤其在邻镇六灶、七灶一带。

陆惠芳接过这段样品看了看，她虽然是头一次看到这种电磁线，也就立即点头说："我伲厂里可以做！"她始终抱着这样的信念：没有做不成的事！

她让来人把样品留下来，即和厂里聘来的几位技术工人（有上海铜材厂的老师傅，也有从外地引进的人才等）商量，研究后决定承接这个业务，生产这种扁型电磁线。说干就干，她让负责生产技术的技术员和工人做准备工作（改造设备、采购原材料等等）；同时她又立即了解这个产品的市场前景。在那几天里，她几乎碰到每一个和电器生产有关的人，总要拿出这段电磁线样品问道："你知道吗，这种线哪一家用得最多？"凭着她在六灶、七灶等小电器厂商那里建立的人际关系，陆惠芳终于很快了解到，这种电磁线的大用户单位就是闵行的上海电机厂。"而要想进上海电机厂，"有人告诉她："你只要找到朱进根就可以了，他是上海电机厂的采购员，伲七灶人。"

陆惠芳得悉后，心里十分兴奋：谁不知道上海电机厂？这是上海工业战线上的"四大金刚"，她还知道，毛主席都去过上海电机厂呢。她立即派职工赵利民去找朱进根了。

那是个星期天。上海电机厂采购员朱进根在上海东长治路新建路口的石库门家里，来了个不速之客——上海南汇县瓦屑镇和平电磁线厂的职工赵

毛主席1961年5月1日在上海电机厂大礼堂与上海工人一起共庆"五一"国际劳动节

利民。

　　对赵利民的突然到来，朱进根有些不以为然，一开始还有点冷淡。这里有两个原因：一是，他与赵利民本来就素不相识，他心里想：我家的地址你这个陌生人是怎么知道的？！肯定是七打听八打听在我背后打听我！这就首先让他在心中有了不快之意；其次，作为国营特大型企业上海电机厂的采购员，在计划经济还未完全退出历史的时候，他们仍然是朝南坐的，一听赵利民的自我介绍，只是一个乡管村办企业的外勤职工，岂能和我这样背景的人平起平坐？！所以一开始，俩人之间有些冷场，对赵利民的介绍，朱进根也似听非听，有些支支吾吾地客套应付。

　　正在这当儿，朱进根的老母亲发话了。原来，跟着儿子朱进根一起住的老母亲，一见是家乡南汇瓦屑来了人，特别是听着赵利民一口瓦屑的家乡话音，真是感到亲切得不得了，就像俗语所讲：亲不亲，家乡人，使她十分高兴！忙着为赵利民又是沏茶，又是拿出糖果、水果等招待他坐下，要他慢慢谈。并且，老母亲还时不时地插话拉家常，问些家乡瓦屑的近况。虽然瓦屑镇离开上海市区并不远,但从当时的交通道路情况来说,也是有相当一段路程的。所以,对家乡来人又听到乡音,朱母分外高兴。待见到自己儿子对来客不冷不热的态度,就在一旁插话说:

"进根啊,家乡人办厂也不容易,你能帮忙就帮一把,这也是为乡亲们做桩好事啊!"

正是母亲的一句话,一下子拨亮了朱进根的心眼,他的态度开始改变过来了。他仔细听了赵利民的讲述后,不仅主动向赵介绍了上海电机厂的情况,也为和平电磁线厂如何生产扁型电磁线、如何确保质量等等,出谋划策起来。在这种情况下,待赵利民回厂向陆惠芳汇报后,陆惠芳在又一个星期天,热情地把朱进根请到了厂里来。请他这个内行来厂指导点拨。经过这次沟通,陆惠芳进一步摸清了电磁线的市场前景。原来,当时,由于市场经济的进一步放开,原来完全依赖于计划经济供给原材料的国有大中型企业几乎都陷入了无米之炊的境地,上海电机厂也不例外。"实际上",朱进根用家乡方言说:"伲厂里也在重新寻求供应商,伲采购员也担负着这个任务!"

陆惠芳忙点头说:"那,朱师傅,就麻烦你了!伲和平电磁线厂愿意为你们上海电机厂生产加工电磁线,做好你们的供应商!"陆惠芳并当场向朱进根表态:放掉为六灶七灶小电器厂的配套任务,集中全厂的精力为上海电机厂生产供应电磁线。

"好!"朱进根也十分高兴,答应回去后向厂领导汇报,推荐和平电磁线厂的电磁线产品。他还笑着介绍说:"伲厂里一年需要电磁线1000吨,从中拨出一个小小零头,就够你们和平做出一身汗啦!"

正是这一个计划经济与市场经济交替的契机,又一次被陆惠芳抓到了:她一下子瞄准了上海电机厂,毅然决定为上海电机厂生产配套电磁线。并进而作出了更大胆的决策:舍小选大,即放掉小单位的业务,为大单位供货。

在朱进根的穿针引线下，经过上海电机厂的质保部门和业务厂长先后来和平电磁线厂考察后，并试着给陆惠芳的和平电磁线厂下了一次订单：20吨电磁线。

这第一次订单就是20吨的量，这让陆惠芳与伙伴们喜出望外！要知道，当时和平电磁线厂的生产能力每个月才8吨左右啊。

为了达到这个产量，陆惠芳对工厂作了进一步的技术改造，自行设计、制造了八台电磁线绕包机，增添了一台先进的五模大型拉丝机，并准备了"开模"、"修模"的能力；同时对职工进行操作技能的专业培训，提高职工的技术水平；为保证产品质量，还建立了产品测试室，添置了"电阻"、"电压"等测试仪器，等等。

陆惠芳摩拳擦掌，摆开阵势，准备大干了。正在这时，厂里干部中有一位对陆惠芳放掉所有小企业的业务不做而只做上海电机厂一家业务的做法有不同意见。他说："我担心他们忙时认我伲小厂，勿忙时一脚踢掉我们。到那时，我们连后路都没有了！"

陆惠芳的想法却是：这样一个特大型的国有企业，一年要用1000吨的电磁线量，即使再碰到淡季，他们的零头，也是够我厂吃饱了！她转述朱进根师傅的话头道："用朱师傅的话讲，伲厂里就是给他们'打打补丁'，按我伲现在的生产能力，也忙不过来！侬担啥心？！"

他们的争论传到镇里，瓦屑镇税务所的朱所长也立即下到厂里来了。这是趁朱进根来和平电磁厂下订单时，陆惠芳特地把朱所长一起请来厂的（这是两个朱姓本家）。这时他们三人之间已经很熟悉融洽了。一到厂，当着朱进根的面，朱所长就对陆惠芳他们说："哎呀呀，惠芳啊，你们和平电磁线厂能攀到上海电机厂这门'亲'，这可是'穷人攀了富人'，是桩'高头亲'哪！这种亲戚不攀，你们要攀啥人？！"连连批评另一位厂领导没有远见。

原上海电机厂物资供应处采购员朱进根

有了领导的支持,陆惠芳信心更坚定了,她当场拍板:接下了这个20吨的订单。这个订单,是朱进根这天来厂里下达的。所以,陆惠芳还对朱进根表了态,有力地说道:

"朱师傅,侬放心,为你们上海电机厂供货,伲和平电磁线厂做定了!保证保质保量!"她还进一步说:"别人要价再大,我勿供应!只供应你们上海电机厂!"

朱进根很高兴,连连点头,并且再一次主动地为和平电磁线厂出主意,比如告诉他们到耀华厂去采购玻璃丝来作为双玻璃丝包线的原料,就能保证质量,等等。在这一大一小两家企业的关系建立过程中,在采购电磁线方面是行家里手的朱进根是起了很大的作用的。那时候,作为上海电机厂的采购员,厂里每年1000吨电磁线的用量业务,几乎都要通过他的手。而当时的供货单位是上海电磁线一厂,也是一家中型国企。在电机生产行业,对电磁线的供货方,往往有"短斤缺两"的现象,举例来说,比如你订单是100斤,我可以

上海电机厂生产的大型发电机之一

上海电机厂生产的大型发电机之一

供应你95斤，缺了的5斤以后补给你。这是行业内的不成文现象。从实际生产情况看，这也不是故意短斤缺两，而是电机生产过程中自然发生的：在绕线圈时不可能准确地算定用量，总要有短缺。而这短缺的补给，恰恰是当时相关国有企业之间的弊端。原来，国有企业的生产计划都是呆板排定的，仍按

上例来说，短缺的这5斤货，按生产周期补给到用户手里往往要三个月的时间。这岂不影响了电机的正常生产？这就产生了另一项业务，就叫"补缺"，用业内行话来说叫做"打补丁"。采购员朱进根往往为了这个"打补丁"业务，就要东奔西走，因为厂里的电机生产是不能停下来的。而对这个业务，最能适应也能做好的恰恰是当时正乘势发展起来的乡镇企业。那时候，乡镇企业就是在这种为大工业拾遗补缺的作用中，发展壮大起来的。于是，朱进根广泛寻觅能做这个"打补丁"业务的生产电磁线的乡镇企业，他远的要跑到黄河边的郑州，近的是无锡、常熟，最近的也已在江苏太仓的浏河，去采购这几吨几百斤的零星电磁线，为厂里的大电机生产"打补丁"。现在，眼前，就在自己的家乡瓦屑有了生产电磁线的厂家，"打补丁"再也用不着他南下北上地辛苦奔波了——做惯了采购员这个行当，对出差上路已经厌倦了，——从时间上来说，从瓦屑到闵行为厂里"打补丁"也要及时得多；从距离上来说，从瓦屑到闵行也近得多；从采购成本来说，省下了车旅费，也节约了。何况这样做，自己也是为家乡的社会主义新农村建设作出的一分贡献啊！真是于公于私都有利，何乐而不为呢？！就这样，在朱进根的引荐下，和平电磁线厂成为了上海电机厂的电磁线供货商之一。当时，在拍板后，朱进根还向陆惠芳建言：和平电磁线厂的月产量要能确保8吨或10吨。"这样，即使为伲厂'打补丁'，"朱进根笑说："陆厂长，你们也能从春到冬一年'补丁'打到头！用不着担心呒生活！"

说得大家都笑了起来。

就这样，陆惠芳和她的和平电磁线厂，成为了上海电机厂的原材料供应商之一。

上海电机厂是我国制造发电设备行业的四大基地之一（另三处是哈尔滨、四川、北京），这是一个完整的电站机组成套制造体系。说起上海电机厂，自改革开放后，有一段"扁担精神"的历史是很值得记叙的：

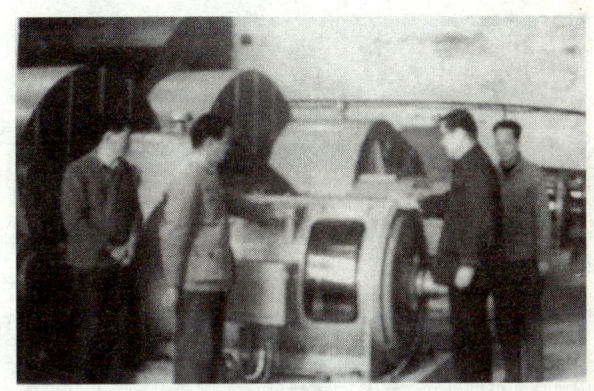

上海电机厂原厂长李文华带队访问用户

1979年，改革开放伊始，上海电机厂调来了一个新厂长，名叫李文华。当时，国家正处在国民经济调整时期，李文华眼看这个八千多名职工的大厂将"喝粥喝汤"，深感自己的责任重大。他认为扭转困境的关键是调整产品结构，调整服务方向，扩大服务领域，发展适销对路的优质产品，来一个"东方不亮西方亮"，以增强应变能力。李文华的想法，得到厂党政领导和广大职工的支持。

1981年初，李文华从经营服务部得到了一条信息：南方各省甘蔗产量大幅度增长，许多糖厂加工能力跟不上，急需技术改造。于是，他马上带着调查组直奔广东顺德糖厂。当时这个广东最大的糖厂仍使用50年代的蒸汽机榨糖，效率低、故障多、能耗大，操作维修不便。李文华了解了糖厂的生产能力、工艺流程、环境条件和技术改造的要求后，提出在不改变整个榨糖车间工艺流程的前提下，用硅整流供电的直流电动机作动力设备代替蒸汽机的技改方案。这个方案被糖厂领导和技术人员接受了。

由于糖厂生产季节性强，电动机产品一定要在当年8月份运到现场，保证

袁宝华为上海电机厂题词

如期开榨。要满足这个要求，这个直流电动机的产品生产周期必须从9个月压缩到4个月，李文华对糖厂作出了按期交货的承诺，但糖厂厂长仍忧心忡忡地说："老李啊，糖厂开榨以后，农民每天用几百条船运甘蔗来待榨，万一设备出问题，甘蔗处理不了，就会烂掉。那时候，几千个农民会拿着扁担打我们！"李文华听了，依然信心十足地说："万一发生了这种情况，我李文华一定赶到顺德，陪您一起挨扁担！"为了使糖厂对电机厂产品质量放心，李文华又派主任设计师陪同广东顺德糖厂的同志到上海有色金属压延厂访问。当他们看到上海电机厂制造的同类型直流电机已使用7年之久，质量良好，才放下心来。

两位厂长的对话很快在电机厂传开了，大家就把这批电机叫做"扁担电机"（因为完不成要挨蔗农的扁担）。

为保证产品准时交货，不误甘蔗榨期，在李文华直接指挥下，有关部门按照急需产品组织生产的办法，在"扁担电机"制造单上打上"△"符号，从设计、

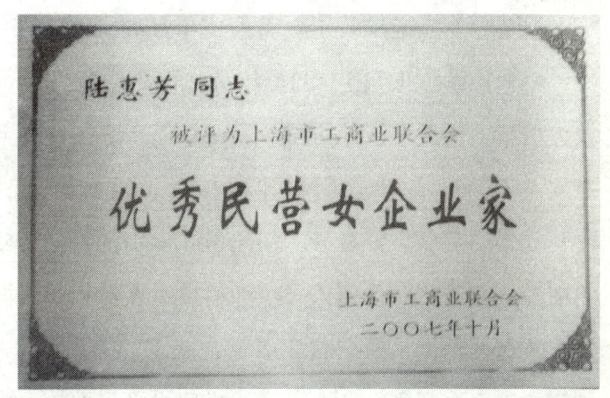

2007年10月,陆惠芳被上海市工商业联合会评为优秀民营企业家

供应到生产车间各道工序一路开绿灯,从"挨扁担"的风险变为全厂职工争挑重担的实际行动。1981年8月,这批直流电机(350千瓦,共6台),终于在开榨前如期运往广东顺德糖厂,并且一次试车成功。糖厂工人高兴地说:"我们从蒸汽时代进入电气时代了。"在整个100天的榨糖季节里,甘蔗日处理量提高33%,煤耗下降43%,全部改造费用,一年多就收回了。

广东顺德糖厂技术改造成功的消息,迅速在广东、广西、福建、江西等地甘蔗产区传开了,订货单如雪片般飞来。从1981年到1983年已有62家糖厂向上海电机厂订购直流电机、异步电机和余热发电机332台共12万千瓦。这批电机投产后每年为国家创造财富6000万元。

自1979至1981年这三年里,全厂职工在李文华的带领下,发扬了敢于承担风险、乐于自讨苦吃、勇于啃硬骨头的精神,坚持"以品种开拓市场,以质量建立信誉"的经营方针,全心全意为用户服务,已为农业、制糖、化工、橡胶、水泥、造纸、制冷、煤矿、造船、科研等国民经济的各行各业提供了贯流泵电机、余热电机、隔爆电机、方矩电机、脉冲电机和耐氟利昂喷冷式电机等33项新品种，走出了一条"开发一个品种，开拓一片市场"的新路子。

由于上海电机厂能在调整年头，不仅得到了"温饱"，而且还为国家作出了较大贡献。为此，当时的国务院副总理万里在1983年元旦《经济日报》创刊号上发表了《赞"扁担电机"精神》一文，高度赞扬了上海电机厂及其厂长李文华在开创新局面中争分夺秒，为用户服务的精神；工农结合发展生产，振兴经济的精神；充分发挥管理人员、科学技术人员和职工群众的积极性，主动进行技术改造的精神，并把这三条综合起来，命名为"扁担电机"精神，并指出这种精神是全面开创社会主义现代化建设新局面的一个强大动力。从此，上海电机厂把万里同志命名的"扁担电机"精神作为企业精神。

自"扁担电机"精神在全国引起强烈反响后，被誉为"扁担电机"厂长的李文华也随即成为新闻人物。成绩和荣誉往往会成为一些人的资本，然而，对于李文华来说，成绩和荣誉只是新的起点，因为他是一个不满足于现状的企业家。

李文华早就在思考：论年岁，自己担任厂长的时间不会太长了，但是决不能只顾眼前，满足于现状，总要给后人留下点什么，给企业留下点什么。多年来的生产实践，使他清醒地认识到：一个企业能否保持强大的后劲，能否具有自我改造，自我发展的能力，关键在于技术进步。他决心要把企业的技术优势引导到开发第一流产品、第一流工艺，赶超世界先进水平上来，把技术优势转变为新的生产力。

一个新的战略目标，在李文华的脑海里油然而生：将本厂生产的主导产品汽、交、直三大类电机，分别瞄准美国西屋、瑞士BBC、联邦德国西门子三家公司的同类先进产品作为赶超对象，争取主导产品达到70年代末、80年代初世界先进水平。李文华是个说干就干的实干家，当这个目标经过厂务会讨论列入企业发展规划，并成为全厂职工的共同目标后，他就毅然决然地带领大家不辞辛劳地朝着既定的方向大踏步前进了。

李文华首先抓住与瑞士、联邦德国两家公司合作生产为宝钢配套的直流电机的机会，亲自带3名工程师去瑞士，很快与BBC公司建立了合作伙伴关系，引进了中型直流电机的技术资料；同时又指派一名副厂长带队去联邦德国，从西门子公司引进大型直流电机的技术资料，从而打通了由西欧引进直流电机先进技术的渠道。在他们积极组织和热情支持下，很快利用引进技术对本厂ZD系列产品加以改造，创造了具有中国特色、接近国际先进水平的ZD新系列。

接着，李文华又在上级主管部门支持下，从西屋公司引进了全氢冷汽轮发电机先进技术。当引进机组刚进入试验阶段时，他已及时地组织工程技术人员，为提高引进机的效益、增大发电容量、发挥水冷特色、增强竞争能力，搞出了多种优化设计方案。在进行可靠性、技术性和经济性分析后，他就一锤定音果断地为"水氢氢"方案拍了板。如今，已完成了两台30万千瓦全氢冷发电机和一台汉川优化30万千瓦水氢氢发电机。

李文华在瑞士考察期间，获悉BBC公司的中型高压异步电机最适合本厂同类产品系列的更新，他就立即指派总工程师直接向市计委建议作为上海引进项目，并得到了批准。如今已利用引进技术制造了一批北仑港高压异步电机。至此，上海电机厂已全部完成了电机类产品的技术引进工作，实现了产品系列的全面更新。

陆惠芳的和平电磁线厂与上海电机厂确立供货关系的时候，国家又处在国民经济调整时期。然而，挑战和机遇、困难和希望往往总是交织在一起的。连任十年厂长的李文华，正在带领全厂一万名职工，进一步发扬"扁担电机"精神，在"艰苦奋斗，共闯难关，制止滑坡，多作贡献"中继续开拓前进。

自从通过朱进根与上海电机厂建立了协作关系后，在日常闲谈中，陆惠芳从朱进根口中知道了这个上海电机厂厂长李文华和"扁担电机"精神的故事，心里十分感动，思想上也触动很大。本来就在农村中出生、长大的陆惠芳，对"扁担"分外亲切，这几乎是每一个农民日常生活和劳动中都离不开的工具。"伲厂虽小，也要学习'扁担精神'！"她想。对这样一个为国家制造发电设备的特大型企业，为他们厂供货的生产一定要做好，保质保量，万无一失。而在实际工作中，从朱进根身上，陆惠芳也学到了对产品注重质量的好作风。她细心地注意到：朱进根每次来厂，下车间看产品时，总要从黑色的人造革拎包里取出一面放大镜，仔细地察看电磁线上的毛疵情况，然后提出他的整改建议和意见。陆惠芳在心里想：毕竟是大企业出来的职工啊！我们应该让全厂职工学习这种工作作风！为此，她决心把工厂的管理做好。在工厂管理上，她的爱人顾正生发挥了作用——顾正生先后在瓦屑镇上的皮鞋厂和围巾厂工作过，达8年之久，对工厂管理方面有一些基本常识。那时顾正生正在围巾厂里的锅炉房工作，锅炉房是三班全运转，可利用的业余时间较多，他正好利用工余时间协助妻子陆惠芳建厂。——和平电磁线厂的第一部规章制度和日后陆续制订的质量管理手册、检验员手册、拉丝车间和丝包车间的操作工手册，等等，都是在顾正生的主持下，一一诞生的。

对外有这样大的客户，对内逐步完善了管理，和平电磁线厂的生产红红火火地展开了。见到妻子一手创办的企业开始走了健全地发展之路，顾正生始终蕴藏在心头要走一走的自己的"一条路"——骑自行车周游全国的理想——跃跃欲试，一天，他终于向陆惠芳提出来了。

八、山河壮丽走奇人

1988年4月17日，顾正生骑着自行车出发了。还在一个星期前，祭扫先人墓庐的清明节一过，顾正生把这个愿望向妻子提出后，陆惠芳立即就同意了。前面记叙过，陆惠芳自少女时代起，在书籍电影戏曲等的熏陶下，就对英雄人物充满了敬佩之情，对那种敢拼敢闯敢为天下先的英雄儿女，她从心底里钦慕不已。这几年她自己在为大队办中心场，搞吹塑、办食用菌厂以及到眼前的建立电磁线厂，她都在实践着自己要闯一番事业、为家乡为乡亲们致富的心愿。正所以，对丈夫这个愿望和志向，她是支持的。昨天晚上，顾正生把骑自行车周游全国所必需的修车工具诸如活络扳头、打气筒、备用刹车橡皮块、全国公路地图等准备好后，陆惠芳还帮助他一起整理好了替换内衣裤、棉大衣、蚊帐、饭盒等简捷的行装。今天天不亮，陆惠芳又起床到灶头上为丈夫蒸馒头了。出发前，在把馒头、新鲜蔬菜等给丈夫打包准备时，顾正生连连说道："哎呀，够了够了！惠芳，我带的东西已经太多了——远道无轻载啊！"

"好吧！"陆惠芳道："不过，还有一样东西你一定要带上，你等着！"说着转身就跑出去了。

顾正生正忙着扎紧行装,也来不及问妻子还要他带什么?但一忽儿,就见陆惠芳回转来了。但见妻子双手捧着一只当时盛装麦乳精的褐色玻璃大瓶,对自己说道:"正生,你把这个带上!"

顾正生忙摇头说:"这个麦乳精留在家里,让两个女儿和你自己吃!我不要不要!"

陆惠芳笑道:"这不是麦乳精,是菌种!一路上你用它泡茶喝,滋阴补肾又解渴!"说着她深情地望着丈夫。丈夫要骑车周游全国,陆惠芳知道,没有半载一年是回不来的,等于是出远门,她心中也是依依不舍呀!这瓶食用菌,她早就准备好了,是放在菌种厂的恒温箱里的。

顾正生在妻子含情脉脉的注视下,竟有些像孩子似的红着脸,双手把食用菌瓶接下来了,并将它塞紧固定在自行车把手前的铅丝网篮里。

这时,两个女儿琦华奇军也都起床了,她俩也要一起送爸爸。今天4月17日正好是星期日不上学,小女儿昨晚也从上海沪剧院回来了。原来顾正生是定在明天4月18日星期一出发的,姐妹俩因为一个一早要上学,一个要回上海沪剧院去而不能送爸爸,为此俩孩子直嘟嘴呢。现在正好是星期天,能送爸爸了,姐妹俩高兴得也早早起来了。俩姐妹双双来到父母前,只听妹妹奇军含着笑用清脆的嗓音抑扬顿挫地朗诵着:

车旅南北,

城市乡村,

领略人情风貌。

周游西东,

青山绿水,

体会国泰民安。

奇军的声声朗诵,惹得顾正生和陆惠芳都笑了起来。这六句词,原来是

陆惠芳丈夫顾正生骑自行车周游全国照片之一

十多天前，顾正生在一次晚饭后，一家四口围聚在饭桌上看大女儿琦华练写毛笔字时，一时性起随手写在练习簿上的几句话，供琦华练习写毛笔字用，也正反映了他纠缠在心头的骑自行车周游祖国的愿望。而此刻使夫妻俩高兴的是，从小女儿奇军这有板有眼的吐词清晰的朗诵声中，果然看到了小女儿不仅记忆力强，也正是个在戏曲艺术殿堂上的可造之才。顾正生和陆惠芳夫妻俩本来就是一对文艺活动的积极分子，小女儿奇军小小年纪在平日里也很喜欢唱沪剧，经常会跟着收音机里播放的沪剧一起唱。她7岁刚读小学一年级那年寒假，还独自一人去城隍庙买了音乐戏曲磁带回来呢。并且，这俩姐妹长得容貌姣美，特别是妹妹奇军更是活泼，在众人面前不怯生，颇有表演才能，在村里在学校，都很讨人喜欢。逢年过节顾奇军在学校或村镇的文艺活动中，所表演的节目和沪剧唱段，还曾在瓦屑镇广播站的农村有线广播中向全镇范围内播放过。就在去年，经瓦屑镇文化站推荐，顾奇军作为沪剧的培养人才，被输送到了上海沪剧院学习。后来不久，顾奇军果然成为上海沪剧界的新秀，受到沪剧爱好者的喜爱。

陆惠芳丈夫顾正生骑自行车周游全国照片之一——在西安兵马俑

此刻,看到两个已长大的女儿,一个埋头在祖国的书法艺术中,一个沉醉在上海地方戏沪剧的优美曲调声中,怎么不叫顾正生和陆惠芳夫妻俩高兴呢!

一家四口吃过早饭,顾正生推着自行车上路了,他们一起来到了家门前的大路——已经铺了沥青路面的周祝公路上。

正是阳春三月草青青的辰光。温煦的阳光照耀着清新的田野,清明至谷雨的节气里,时而会飘洒小雨,正是这淅淅沥沥的春雨和雨后的绚丽阳光映射,使柳条儿更青,油菜花儿更黄,绿色的田野更显得生机勃勃;这儿又是南汇水蜜桃的故乡,放眼望去,成片的桃树上绽开着紫白色的桃花,有的花瓣上还闪烁着欲滴的水珠,满世界飘扬着青草桃花的清香和芬芳,满目充盈着水墨画般的诗情画意。多么恬静的田野,多么可爱的家乡!

他们一家四口在路边依依相互关照话别,早早起来出工的社员们和邻里乡亲也围过来送顾正生。此刻,正当44岁壮年的顾正生身材中等精干,脸色黑里透红,目光闪闪,显得很精神,也显得精力很充沛旺盛,完全是一个旅

陆惠芳丈夫顾正生骑自行车周游全国照片之一——在湖南湘潭毛主席故居前

行家的气派,准备走上长途征程了。他们没有惊动乡亲好友。顾正生之所以改变日期,提早一天动身,还有一个原因:正是为了避开一个好友的宴请。原来,食用菌厂顾问,也是他们的好友张林书,定在4月18日请顾正生吃饭,为顾正生饯行。问题是,自从知道顾正生要一个人单枪匹马骑自行车去周游全国后,这位好朋友却一直持反对态度,一直劝顾正生不要去。张林书是从关心他出发的,尽管祖国山河壮丽美好,大江南北有着数不尽的山水风光,但毋庸讳言在祖国960万平方公里的土地上也夹杂着无数的险山恶水、大漠荒谷,加上辽阔土地上的多变气候、强烈反差,等等,都是一般常人很难适应的。所以从路途上可能出现的种种风险和突发事故出发,老张就总是劝阻顾正生放弃用自行车去周游全国。"等我们食用菌厂经济条件好了,"张林书建议说:"参加旅行社或者自己组织团体出去旅游!"但顾正生不听。正是劝阻无效,老张就只好准备为他饯行,以表自己祝他一路顺利的心意。然而顾正生突然提前出发了。临别,他还不忘对妻子陆惠芳说:

"惠芳,代我转告林书,谢谢他!等我回家,我来请他!"

陆惠芳丈夫顾正生骑自行车周游全国照片之一

陆惠芳笑着点头。只是她心里有一点担心,问:"那今天礼拜,市体委不办公,没有市体委的介绍信,行吗?"原来,之所以原定在4月18日星期一出发,还因为按顾正生计划是路经市区正好去上海市体委取介绍信的。

"呒关系!"顾正生拍拍左胸中山装上口袋,说:"有南汇县政府和县体委的介绍信,管用了!惠芳,侬放心吧!"说着,他骑车上路了。

顾正生是向西而去,陆惠芳母女三人和邻里乡亲们,一直望着他骑车的身影消失在西面窑港桥的转弯处,才回家去,陆惠芳则又到电磁线厂里上班去了。自从办起电磁线厂,她就没有周末和星期日,除了外出办事,一周七天她都在厂里。

顾正生骑自行车离开上海后,依靠着一本全国公路地图,先是北上,经南通、南京、徐州、济宁、济南、天津、北京、沈阳、长春、哈尔滨;然后折向西部,进内蒙古、越长城入山西、太原、河北石家庄、河南开封、登封、洛阳、潼关、西安、宁夏、会宁、兰州,沿河西走廊直达新疆乌鲁木齐;然后折向南方经西宁至成都,看都江堰、上峨眉山,到乐山拜大佛,经渡口到攀枝花,到昆明上

陆惠芳丈夫顾正生骑自行车周游全国照片之一——在长城上与外国游客合影

　　西山，到石林风景区，再由云南东返至贵阳，然后南下至南宁、湛江，直奔海南海口，由海口北返至广州，专程去深圳；然后再返回漳州、莆田到福州；回程经江西南昌、上饶，再向西北去韶山、长沙，东去武汉，翻大别山入安徽，从岳西最后到达杭州，与从上海赶来接他的妻子女儿、亲友及几个职工相聚。顾正生与家人一起从杭州返回上海南汇瓦屑家中已是1989年的1月25日了。整个行程达22850公里，历时280天，途径29个省市、自治区；一路上，他昼行夜宿，白天不停地踏，每天骑车均在80公里以上，晚上就借宿在当地的各级政府或体委的招待所里，有时正行进在乡野间，他就只好借宿在农民家里。除了西藏与台湾省以外，其余29个省市都留下了顾正生的足迹和自行车痕，同时也留下了各地政府或体委的纪念印章、签名等。在这个两万多公里的征途上，自行车外胎除了修补多次外，还换了两次，刹车橡皮换了14块，有很多时候，他还都自己动手对自行车进行整修。

　　一个人骑自行车长途旅行，遇到的困难是难以想象的。有一次行驶至离西宁100公里的地方，正下着雨，道路泥泞不堪，污泥常常塞满叶子板。为了在天黑前赶到西宁,他只得拖着自行车走了15公里路,进城时,汗水和雨水把内外衣服都湿透了。晚上睡觉时感冒发热,他吃了自带的药片后才慢慢好起来。又有一天,顾正生行走在内蒙古凉城县西的朝号沟时,月光昏暗,山道又陡,在下山时,由于刹车橡皮已经磨平,车速很快,心一急,连人带车摔出三米多远,要不是路旁有树桩拦住,差一点滚下山沟。

还有一次进入四川剑门关,由于山坡很陡,推着自行车上关口异常费力惊险,且山势险要。上得关口后,放眼四望,顾正生体会到了三国时诸葛亮在这里凭险立关把守蜀北门户,遂使剑门关成就了"一夫当关,万夫莫开"的天下雄关的美名。特别是旅程即将结束的时候,1989年1月中旬,顾正生翻越黄山进入大别山后,在岳西县,正值大雪纷飞、天寒地冻的严冬时节,一次下山时因雨雪路滑,把自行车车架上的座垫都摔断了,只好艰辛地一步一趔趄地推着自行车步行到县城买了新车座垫,才再骑上自行车到了杭州。

顾正生周游全国,受到各地政府与沿途人民的欢迎和帮助。许多地方招待所为他免费解决住宿与伙食。一次,他到呼和浩特郊外太平乡添密湾村时,肚子饿了,就向一家小饭店讨了碗开水,吃自带的馒头。当地两个女青年敬佩他不畏艰苦地自行车旅行,一个从田里挖了一把香葱给他吃,另一个从家里拿了6个大蒜头给他当菜。解放军成都56110部队的战士特地赠给他一面锦旗,上书:"上海人民的骄傲,官兵学习的榜样。"中国作家协会会员、老红军徐朗也为他签字留念。他到海南省时,遇到大风,渡船停航。正当他一筹莫展时,当地海军部队破例让他搭乘舰艇去了海南省。

特别使他终生难以忘怀的是,在他经过的很多少数民族地区,无论是北方的蒙古族、维吾尔族,还是南方的彝族、苗族、瑶族、布依族,都对他表示着友好和热情的接待,使他亲身感受到民族大家庭的温暖和民族大团结的深情厚谊。

顾正生在青海乐都的峡谷急流险滩边骑自行车前行

几万里征程，各地的名山大川，历史古迹，尽收眼底：雄伟的泰山，巍峨的北京古建筑、蜿蜒起伏的万里长城、高耸的内蒙古万部华白塔，还有山西云冈石窟、陕西华山、四川乐山大佛、云南石林风景、贵州黄果树瀑布、浩荡东逝去的万里长江……顾正生回来后感慨地说："我们祖国这样美好，人民这样勤劳，四化建设肯定大有希望！"

顾正生的骑自行车周游全国顺利归来，引起了家乡的轰动。上海的《解放日报·市郊大地》版和《中国体育报》的《新闻人物》栏目，先后于1989年2月23日和1989年3月1日作了报道，顾正生被誉为农民旅行家。

值得一提的是，在顾正生骑自行车周游全国离家近一年的时间里，陆惠芳除了管理着电磁线厂越来越忙的生产业务外，还操持着家务，照顾着顾正生的父母亲。当时在1988年末，顾正生已离家有八个多月的时候，父母住到了顾正生家里，而顾父又在生病，全靠陆惠芳和两个女儿细心照顾。并且同时，陆惠芳还在心里牵挂着丈夫的行踪。在1988年12月18日晚上，陆惠芳在顾正生快到杭州之前给他写了一封信，信中写道：

正生：您好！你离家已有八月有余，获悉您在旅途中身体健好，全家也都很好。这一次旅行使您大大开阔了眼界，增加了见识。

信中还叙述了顾正生父母的情况，最后是"望您早日归回"，深深地表达了妻子对丈夫的挂念和盼归之情！信中末尾还特意注明：要丈夫告知到杭州的准确日期。这是因为，陆惠芳已准备，在丈夫回到杭州时，带上两个女儿一家人、妹妹陆惠仙夫妻俩和厂里几位热心的职工，一起开车去接他回家。分别一年了！女儿多么想念爸爸啊！另外到杭州去接顾正生，是因为1980年顾正生就曾骑自行车到杭州去过。那次他从上海出发，骑车到杭州，再从杭州到苏州，然后回到上海，花了一个星期时间。正是那一次的骑车游苏杭，为顾正生的这次骑车周游全中国壮了胆练了功！也所以，陆惠芳认为，这次丈夫回到杭州，就可以说是胜利完成了他这次的骑自行车周游全国的目标了。顾正生是1989年1月23日抵达杭州的，陆惠芳带着两个女儿和几位亲戚职工也准时到达，欢聚在西湖灵隐寺前楼外楼酒家，亲人朋友们为顾正生洗尘，为他的单枪匹马骑自行车周游全国胜利凯旋，频频举杯祝贺，大家都兴奋不已！1月25日全家其乐融融欢快地回到了上海南汇瓦屑平桥村家中。

现在，顾正生回来了，陆惠芳一颗牵挂的心也放了下来了。而从这个时候开始，顾正生也辞去了瓦屑围巾厂的工作，全身心地投入到和平电磁线厂来，协助陆惠芳的事业，在厂办公室里分管企业的管理工作。

九、身正不怕影子斜

和平电磁线厂的生产，在陆惠芳厂长的带领下，就像电解铜在熔炼时成为火红的铜溶液一样，热气腾腾地展开了。与家乡阔别达9个月的顾正生回来一看，电磁线厂在妻子惠芳的率领下，干得热火朝天，同时食用菌生产也一如往常，未受丝毫影响，深感惠芳很不容易很辛苦，于是他毅然辞去了瓦屑围巾厂的工作，也回到电磁线厂里，决心协助妻子把这个厂搞好搞上去。他心里想：不管怎样，自己在镇办的皮鞋厂围巾厂呆过，对工厂的内部管理总要比惠芳熟悉一点，是可以帮助惠芳厂里做些事的。

也确实如此，除了上面提到的，在厂里陆陆续续制订出台的一些规章制度中，他凭借着在皮鞋厂围巾厂工作共16年之久的切身经验，提供了很有实际操作价值的管理办法，发挥了他的作用。比如，对电磁线生产过程中的质量问题，顾正生认为，操作工嘴上讲得再好，如果生产出来的质量不好，肯定是不行的。因此，他提出要让每一个班组长，先把按工艺流程操作中的关键要点写出来形成书面材料：从原材料进厂开始，根据工艺流程，结合实际生产经验、编制生产工艺单，要求操作工严格执行，从而保证了产品生产过程中的质量。在

顾正生在给职工们讲解《操作工艺》

顾正生的主持下,与另几位骨干一起为拉丝车间和丝包车间各制定了《操作工艺》,为厂里的产品质量起到了保证作用。随着厂里规模一点点扩大,职工增加,顾正生又编写了新职工入厂条件和记录职工学习技术的《教育培训手册》等内部规定。

和财大气粗的国有大企业追求洋大全相比,乡镇企业的起步总是因陋就简勤俭节约的,这不仅仅是经济条件的制约,更是我国农民优良的勤劳俭朴传统美德的发扬。陆惠芳在她的平桥食用菌厂、和平电磁线厂都是这样起步的,并一直保持着这种美德。这方面的例子数不胜数,以后读者将会一一看到。这里有几个例子值得一记:

丝包车间在生产过程中,为了解决拉丝质量上的一个问题,顾正生锯断了自己家里的一只大床的两根床架。原来,拉丝车间出来的成品裸铜线到丝包车间进行绝缘玻璃丝薄膜绕包时,起头时裸铜线总或多或少有凹凸不平或弯头棱起的地方,这就需要操作工及时用约23公分长、4公分左右正方的两

申茂厂的企业文化——黑板报

块条形木块,将不规则部分敲拍平整。平直后的裸铜线进入丝包车后,在玻璃丝绕包时,对质量可起到保证作用。那天晚上,几乎经常睡在车间里的顾正生巡视到丝包车间查看时,发觉裸铜线进入丝包车前的平整一关,操作工手上的一块木条似乎硬度不够,对弯曲或凸棱的线段拍击不起作用。他上前拿起木条一掂量,手上感到很轻,他立即意识到这木条硬度质量不能用。当时已是晚上,要去买硬度高的木材已不可能。情急之中,他突然想起家里刚换下来一个旧的睡觉大床的搁床板的左右两根床架,硬度肯定够了,因为它们是用来搁床板的。二话不说,他立即回家取来了两根床架,将它们一一锯断,做成了木条。这床架是用柳桉木做的,到丝包车上一试,果然硬度够了,凹凸弯头被这块木条一敲击,就平整地卷进入丝包车,问题顺利解决了。顾正生放心地笑了。从办厂的角度来说,当时的顾正生几乎成了陆惠芳的"贤内助":他经常睡在厂里,不仅对拉丝绕包过程关心,即便是对车间机器的用电、用水、工具使用以及各种仪表的运转等辅助技术,他也十分注意。有时睡在家里，厂里一有情况，不管寒冬酷暑，他就会立即披衣起床，赶到厂里来协助解决。

再有就是盖厂房和造设备。电磁线生产上马后，在原有的菌种厂西边，开始盖新厂房。新厂房是按正规设计、正规施工建成的。还有一些辅助建筑，就像盖食用菌厂房时一样，都是职工们自己动手盖，就不外请建筑队伍了。在这个体力劳动中，陆惠芳一如既往，带头挑、动手搬，身先士卒。那时，砖瓦要自己去装过来，不像现在可送上门，一万块砖头有17吨重，用十二三吨的水泥船装船要装三船。去运砖头或水泥的地方在下沙或新场，从平桥村前的六灶港摇船去，来回要十几个小时。还有要到航头的大砖窑厂去装石片（即三合土）等等。到了平桥，水泥船停在岸边，这些建筑材料还要人抬肩挑地挑上来。这是一项十分沉重的体力劳动，陆惠芳与大伙一起，挑担运砖，忙前忙后，始终在现场劳动，从不懈怠，为大家作出了榜样。后来又自己动手，还造了两个锅炉房。

和平电磁线厂从拉圆线开始，到扁线，再到电磁线，经历了一个从小到大、从简单到复杂、从技术含量低到含量高的过程。最早拉铜扁线时，还是计划经济为主，业务都是从上海市农机局要来的。这里要插一句的是，前面写到的上海电机厂的业务员朱进根，正是在与上海市农机局的业务往来中，由农机局将朱进根介绍给陆惠芳的和平电磁线厂的。到拉电磁线，第一台设备就是买的旧拉丝机，还请来上海大厂里的工人师傅来改装。正是在这个渐进过程中，陆惠芳叮嘱职工们要眼快手勤，好好向上海来的师傅学习技术。所以，到这次在西边扩建了新厂房后，陆惠芳就决定自己动手造设备。到第二年的1990年，靠着一台小车床、一台电焊机、一个切割机，就造出了三台用于电磁线生产的设备。

再就是学开汽车。随着生产业务的发展，陆惠芳对外联系多了起来，原

2004年陆惠芳被评为第五届全国乡镇企业家

材料与产成品的进出厂，也都与运输相关，增添一辆汽车已被提到议事日程上来了。而当时厂里的职工中还没有会开汽车的。这时，顾正生自告奋勇地站出来，去学驾驶，而此时他也已45岁了。在申茂电磁线厂的发展史上，顾正生是厂里的第一个汽车驾驶员，当然也是第一个为陆惠芳"保驾护航"的驾驶员。

勤俭起家的和平电磁线厂，在陆惠芳厂长与众职工的兢兢业业中，逐步发展起来。陆惠芳一家四口人，自顾正生骑自行车周游全国回来后，也更加亲密，家庭生活也暖融融，每到周末小女儿从上海沪剧院回来，全家就沉浸在愉快幸福之中。

夏去冬来，时光荏苒。陆惠芳一家这样宁静欢快的家庭生活，在一个冬天的晚上却被突然打破了：一辆检察机关的警车，来到平桥六队，停在陆惠芳家门口，将陆惠芳从家里带走。而当时，陆惠芳正在温习功课做作业。原来，拉丝项目上马后，为了提高自己的管理能力，陆惠芳报名读了市妇联办的业余学校读管理专业。她在南汇分校学习，地点在当时的南汇县妇联所在地惠南镇上。从平桥到惠南有郊县公交汽车往返，其时陆惠芳已读了一年多，正准备考试而在复习功课。

"惠芳被警车带走了！"这一消息当晚不胫而走，全村村民震惊！全厂职工震惊！

检察机关对陆惠芳进行了司法程序上的侦询，但她内心十分镇定。自办食用菌种厂以来发生的一些大事迅速地像电影放映一样在她的脑海中一一闪过，她要快速对自己作出判断：是什么麻烦事让检察机关找上了自己？！她从被调到大队中心场搞副业开始，到办食用菌厂，到办拉丝厂，直到现在扩展为电磁线厂，回顾了自己的业务经营活动，特别是与金钱上有关的活动。因为，陆惠芳当时作为县人民代表大会的代表，通过经常学习和开会，她对党和国家所及时颁布的各项政策法规也是知道的，当时她就知道了严打经济领域犯罪活动的《两院通告》。由此，她迅速判断出，检察机关这次带她过来，肯定与经济问题有关，不是她本人的，就是厂里的。但她通过快速回顾和检点，她首先对自身的经营活动进行了分析后，她是定心的，她没有这方面的任何偏差，除了为了解决厂里的各种问题（办厂初期，有很多问题需要人们的帮助，特别是盖厂房买建筑材料，因还处于短缺经济时代，当时没有一些关系是不行的，要么缺货，要么排队等货），而给有关经办人员送些自己食用菌厂生产的蘑菇等外，再也没有任何不合法的金钱往来方面的活动；而且即使这些作为礼品送给来厂帮忙的朋友的事情，因为折成费用近一千多元，也早由大队党支部决议通过，作为劳务费开支记入了财务账目上。同时，她又想到了厂里，思索的目标很快聚焦到了一个专门负责外销业务的负责人身上。实际上，有一个细节始终萦绕在她脑际：还在厂里决定集中向上海电机厂供货而暂时舍弃一些小企业的要货时，此人就持反对意见，并且还很强烈。这是为什么？！后来，陆惠芳通过业务往来的一些朋友口中得知，原来当时还是短缺经济时代，正在蓬勃兴起的乡镇企业往往会为买不到原材料或紧缺商品而发愁。在这个情况下，这些小企业往往为了购得正在"等米下锅"的紧俏商品或原料，他们作为买方会在应付的价款之外还多"加"付一笔费用给卖方或中间的代理人。而作为国有的大中型企业，尽管也处在这种短缺的市场经济中，他们却不会"加"付给卖方或者任何人额外费用的。而这笔费用，也就是当时经济生活中出现的"回扣"，是这次发布的《两院通告》中所要打击和惩治的内容之一。这种"回扣"，从财务上来说，乡镇小企业容易以各种变相手法入账，而国企的严格的财务制度却是无法也不允许入账的。

陆惠芳想到这里，心中很快就明白了：一定是厂里这个当时分工负责外销业务的负责人身上出问题了，因为正是他在业务活动中，与那些在六灶、七灶，特别是陈桥的乡镇小企业有着密切的往来。事情很清楚：他从那些小企业身上是得了好处的；因为一个跑业务的朋友还告诉她：当时六灶镇北面的陈桥小工业办得很红火，不管是陈桥本地还是与陈桥有经济往来关系的人，其中不乏受贿者，经办人员拿回扣在那里几乎已成了公开的秘密。想到这里，陆惠芳心中十分坦然，因为她和陈桥那边几乎没有直接的关系。

在检察机关的一间简陋房间里，一位办案人员对陆惠芳说："陆惠芳，你应该明白，《两院通告》发布已有两三个月了，我们是不会无缘无故地请你来的！你是否考虑一下，在经济问题上你有什么可向我们交代的？"

果然是经济问题。"我呒啥好交代！"陆惠芳语气平和地说，她知道自己的一切都是经得起检查的。

"你作为厂长，还是两个厂，又是菌种厂又是电磁线厂的厂长，"办案人员进一步问道："在经济业务往来中，会没有问题？！"

"没有！"陆惠芳斩钉截铁地答道。又说："常言道，身正不怕影子斜！你们看着办吧！"

"口气不要这样硬嘛！"办案员说，"这次《两院通告》中央是下了决心的，不要说你们乡镇企业，即使是国有企业的老总，有受贿贪污的，照抓照判！"他话头忽然一转道："上菱冰箱厂的厂长薛尚礼，你不会没听说吧？"

陆惠芳听他这样问，心里却笑了：她怎么会不知道上菱冰箱厂厂长薛尚礼？！他因为有8万元的受贿问题而刚刚被判了8年刑，已是上海社会经济界的一大新闻，成了街头巷尾茶余饭后的热议，谁人不知晓？但正如常言道：为人不做亏心事，半夜敲门心不惊！这个新闻只能使那些有经济问题的人心惊肉跳，而自己是不会将薛尚礼新闻放在脑海里或口头上的。

见陆惠芳没有做声，办案员又说："薛尚礼虽说是国企老总，但对你们乡镇企业厂长经理来说也是一面镜子。陆惠芳，要明白，《两院通告》内容的对象是不分国企还是民营还是乡镇企业的。这一点，你要考虑明白，你要好好想一想！"

"我已想过了，"陆惠芳依然平静地说，"我呒啥好交代的！"！

"好好！"办案员忽又提高了声音无奈地说："你没有啥好交代，那么，你们厂里，你下面的经办人员，也保证没有问题吗？"

"这个我回厂还要进行调查，才能有结论。"

"不用你调查了！"办案员声色俱厉地责讯道："你厂××，我们就已掌握了证据，你作为厂长，会呒啥好交代吗？！"

"没有调查清楚，我怎么向你们交代？"陆惠芳口气也强硬起来。

这样僵持到凌晨二点多钟，检察机关只好用电话通知和平电磁线厂，让厂里派车把陆惠芳接了回去。

分管外销业务的负责人被检察机关批捕了。

但没有几天，陆惠芳又被检察机关传唤。

第二次进检察机关，陆惠芳更是坦然而平静。当办案人员提示她，据××交代，在受贿的3000元赃款中，就曾转送给她人民币500元时，她说道：

"一是根本没有这件事；二是请问他，这送给我的500元，是人民币的什么票面呢？"

办案员一下子被这个细节问住了。

陆惠芳的"案子""不了了之"了！然而，她却还未能彻底摆脱检察机关的视线，又第三次进了检察机关。不过，这已是若干年后的1996年。是因为和平电磁线厂（此时已改为申茂电磁线厂）长期供货的电机厂一个干部被查办了，真是"城门失火，殃及池鱼"，也连累到了申茂电磁线厂。这一次，检察机关把陆惠芳关在一间地下室里，这地下室又正在鼓风机的风口上，陆惠芳被关了一晚上，第二天回家就生病了，以至发高烧住进了医院；这一次，仍没有什么可查，能向检察机关讲的，也就是逢年过节，和平电磁线厂向电机厂相关部门送一些香菇、蘑菇、平菇等之类的食用菌礼品，而这是构不成犯法的，故次日陆惠芳即被放回家。

陆惠芳1996年的这一次住院，在由风寒引起的高烧同时，长期劳累而积疾的腰椎病也复发了，腰椎的疼痛致使她躺在病床上不能动弹。幸好的是，已经有过一次的胃出血，这次没有复发。1989年第一次进县检察院，正是深夜寒冬，又被质询了几个小时直到半夜凌晨，那时寒气逼人，陆惠芳真担心自己会复发胃出血，结果没有；这次在这家检察机关她被丢在地下室，也是潮湿阴冷，最易影响肠胃，倒也没有再度胃出血。这样她就安然许多，因为感冒和腰椎痛，她认为都是"硬伤"，好好治疗休息，她还是能立马回到她的厂里去，投身到她的事业中去，为带领乡亲们致富而继续奋斗不息啊！

当然，趁着住院治病，陆惠芳冷静地进行了反思：这几年自己三进检察院，正像俗话说的，无风不起浪，总有原因的。而原因不外乎从两个方面来找：即内因和外因。从内因来说，自己虽然基本上做到了遵纪守法，合法经营；但从外因来看，社会是复杂的，人心也是各异的，就拿自己厂里的个别干部职工来说，不也露出了犯罪的端倪吗？看来，她也被蒙蔽了。她反省自己：这说明自己在管理上还是有漏洞啊！同时，使她在思想上产生的更大震动是：这次"不了了之"的案由，暗中竟是徇私枉法的一次内外勾结，是对自己硬装榫头欲置自己死地的一个阴谋啊！因为此案之后，曾有好心人还告诉陆惠芳一个细节：检察机关在传讯负责外销业务的负责人时，此人走进房间坐下，发觉凳子下脚边有一小卷纸条，他假装系鞋带俯身捡起小纸条一看，上面赫然写着"三千元"三个字。他立即明白了：有人提醒他只要承认3000元即可，他迅捷把小纸条塞进自己的鞋子里。复杂社会中这种险恶卑劣的一面不禁使陆惠芳出了一身冷汗，当然也惊醒了她：从此往后，在为事业而拼搏的道路上，更要脚踏实地一步一个脚印，小心谨慎来不得半点疏忽。——这个想法，由此一直影响着她的生活和她的事业！

1989年，陆惠芳从"不了了之"的检察机关回厂不久，被批捕的××就被人民法院判了5年刑。最终的判决书上他受贿的数额远远不止3000元，被押解出去劳动改造了，当然按规定他也被清除出厂。与此同时，陆惠芳经过调查，掌握了财务科某会计工作和账目上的一些不良行为，也果断地将他辞退了。她自信，她这样做是正确的：她决不能允许，自己和全体职工夏天一身汗、冬天一身泥，勤勤业业、艰苦奋斗、几乎是手搬肩挑地创立起来的这份集体家业，被一些"蛀虫"所损害啊！尽管这些"蛀虫"的背后有靠山，陆惠芳毫不犹疑地坚决地把"蛀虫"清除出去了。

陆惠芳的决定，获得了全体职工的支持和赞成。

通过这次经历，陆惠芳思想上更加成熟了；经过这次风雨的洗礼，陆惠芳的身姿更是矫健了！正是"野火烧不尽，春风吹又生"，具有无比顽强生命力的郁郁葱葱的芳草，在春风阳光雨露的吹拂照射和滋润下，总是会蓬蓬勃勃地生长起来的。陆惠芳再一次轻装上阵，带领着职工们，把村办乡管的申茂电磁线厂事业，继续推向前进！

十、投桃报李的故事

在申茂电磁线厂的发展历史上,与上海电机厂的关系,是一个不能忽略的重要情节。自从与上海电机厂物资采购业务员朱进根接上关系后,申茂厂的发展步伐逐渐加快。这首先得益于上海电机厂的订单。从第一次的20吨电磁线订单,日后逐渐加码。前面叙述过,一开始,上海电机厂就要求申茂厂每个月能提供8至10吨的电磁线,而当时厂里的生产能力与此要求相距较远。这就需要扩大生产能力。于是,当1989年某检察机关针对陆惠芳的"不了了之"案风波过去后,陆惠芳带领着包括食用菌厂在内的才二三十名职工,开始大干快上了。

几年中,他们除了盖厂房浇地坪,特别一提的是还自己动手造设备。造的同时,还四处打听去购旧设备,旧设备买回来后,再按照自己厂里的生产实际进行改造。在上海请来的技术工人指导下,通过对旧设备的改造,他们还进一步学会了造设备的技术。现任生产副厂长徐宝祥在回忆中说,有一台做电磁线的设备就是去奉贤县四团镇的平安乡那里买来,经上海大厂来的老师傅改造后,投入使用的。通过对这台机器的改装过程的观察学习,陆惠芳决定自己动手仿造设备。1990年就在食用菌厂西边的新厂房里造起了三台设备，而这三台设备，就是靠着一台小车床、一台切割机和一台电焊机，自己动手造出来的。此后还陆陆续续地造出了好几台。特别值得一提的是，他们还仿造进口设备。

　　在生产日渐扩大的过程中，陆惠芳也逐渐了解到了增添先进设备的必要性。她在办厂开始，就对大伙说，我们的设备一定要先进，要时时更新换代！她是个细心人，在同行业的日常交往中，她终于打听到在福州电磁线厂有一台美国制造的绕包机要出让，她二话没说，就买火车票上福州去了，同去的还有厂里的设备科长。在福州，陆惠芳亲自与对方谈价钱，检验这台设备的质量。买回来后，虽说是二手货，但立即能投入使用。而在使用过程中，陆惠芳又再三叮嘱操作职工和设备制造车间的技术工人，对这台进口绕包机要时时留意观察和学习，为今后自己仿制做好准备。

　　作为国家发电设备制造行业的龙头之一的上海电机厂，对电磁线的质量、价格、品种系列等方面的要求，都是很严格的。与之协作配套的申茂厂面临着新的考验，陆惠芳对此作了认真分析研究，认识到上海电机厂是国内电机行业的领头羊，申茂厂的电磁线产品质量，只有按照他们的要求上一个新的台阶，才能符合他们的要求，也才能在众多的电磁线生产厂家中立于不败之地，从而在竞争中获得发展，这就是市场经济优胜劣汰规律给我们提供的一次机遇。

　　所以，她首先对设备的先进性能给予重点关注。她提出的自己动手制造设备，并不是因陋就简，而恰恰是，在对原有设备的分析、改装、仿制过程中分析其优劣、利弊，汲取其好的地方，扬弃其差的一面，在博采众长中再造出一台更加先进的并适合自己产品要求的设备来。据厂里设备科的不完全统计，电磁线上马以来，在陆惠芳的带领下，自己动手设计制造了10台丝包机，

陆惠芳在生产第一线与职工们一起研究电磁线的质量问题

还仿制了一台奥地利的玻璃纤维绕包机,为产品生产的质量提供了有力的保证。同时,陆惠芳带领技术质管人员开展了全面质量管理,从提高产品质量着手,完善制度,建立网络,加强原辅材料、产品的计量检测设备和手段,投入资金十多万元设立了产品测试化验室,使产品质量不仅得到上海电机厂的认可,而且在电磁线行业中处于领先地位;另一方面,陆惠芳还指导财务等有关人员进行成本核算,加强仓库物资管理,制定原辅材料的消耗定额,有效地降低了产品成本。陆惠芳还经常带领供销人员走访用户,征询质量,以优良的售后服务感动用户。上海电机厂领导及其他各厂的老总们对陆惠芳厂长的治厂之道倍加赞赏,明确表态,使用申茂电磁线厂的产品价格上合理,质量上放心。上海电机厂一个厂级领导来厂参观洽谈后,最终确定申茂电磁线厂作为上海电机厂定点供应商。然而这个确定也是有曲折的,1991年初,上海电机厂为确保出口电机的质量,曾计划终止一批乡镇企业的协作业务,申茂电磁线厂也列在这个名单中。后来,上海电机厂这个分管领导来厂了解了申茂厂的生产、质量等管理工作后，才改变了初衷，作出了这样的决定。

时光荏苒，已到了1992年。这时候，和平电磁线厂已正式改名为上海申茂电磁线厂；同时，在上级有关部门和大队村委的支持和帮助下，陆惠芳带领全厂职工顺利地转换了经营机制，创建了瓦屑镇的第一家股份制合作企业。

在申茂厂的发展史上，虽说成为上海电机厂的定点供应商起了关键作用，但反过来，不能不提的是，也正是陆惠芳的远见卓识所使然。原来，也正是1992年，上海电机厂陷入了困境。当时的情况是，自改革开放后，我国的经济体制在从计划经济向市场经济这个新旧体制交替转轨过程中，国有大中型企业的发展遇到了很多问题。以上海为例，上海工业企业，特别是大中型企业，长期来一直处于全国的首位，即使遭受滑坡影响，主要经济指标的达到值仍然会领先于全国。按国家统计局当时公布的1989年八项指标的综合指数，上海仍居全国第一。但是，上海工业企业的走势已不如过去那样稳健有力，循环向上，而是踉踉跄跄，步履艰难。在走向90年代的时候，相当部分的大中型企业资金短缺，留利减少，效益下降，后劲缺乏。特别在企业的发展态势上，有的企业出现了负态势，并且日趋严重。负态势的表现在四个"失"方面：产品失宠、资金失控、管理失度和结构失调。具体对发电设备制造企业而言，面临着市场疲软、需求下降、任务不足、资金短缺、增本减利的形势。而对上海电机厂来说，影响最大的则是资金问题。由于银根抽紧，资金运行不畅，资金收不回，原料进不来，面临生产性停工。而从另一面发电设备制造的供货方线缆行业来说，也出现了同样的问题。长期来，上海的国有大中型线缆企业门庭若市，在质量、品种、效益等各方面都称雄于全国，享有"摇钱树"之称。然而，近两年来，门可罗雀，效益滑坡，一些主要经济指标出现了落后于其他省、市的现象，变成了"苦菜花"。

据当时统计，1991年上半年与去年同期相比，上海电缆厂、上海中国电工厂、上海电磁线一厂这三家大中型企业的产品销售利润平均下降25.87%，销售收入下降12.63%。之所以会出现这样的情况，一个重要原因，是内部经营机制运行效率低。许多企业的管理机构和管理方法仍停留在过去生产型的模式上，没有实现市场导向型的转轨变型。据调查，现大中型国企电缆产品从投入到产出需要四十多天时间，而一些乡镇企业却只有十天左右。前面叙述过的，朱进根讲的"补缺"业务，就属于这一情况。由于生产周期长、交货迟，也影响了上海企业的竞争力。而一些乡镇小企业凭借有关优惠政策，以及成本优势（这中间包括劳动力、土地、设备等等），竞相压价，以小挤大，与国有大中型的线缆企业争夺市场，使国字号企业的优势逐渐减弱，市场日益萎缩，最终陷入窘境。

正是这供需两方面的原因，使上海电机厂因资金周转失灵而陷入了几乎面临停工的地步。就在这时候，陆惠芳审时度势地毅然决定：将产品全部无条件地送到该厂，支持他们发展生产。当时有人认为陆惠芳这个风险冒得太大，但陆惠芳慧眼识英雄，她认为作为国家级的电机生产大厂，在经济转轨时期出现的波折和困难既是暂时的也是正常的，他们的实力具有全国电机行业的龙头地位。陆惠芳以富有战略的眼光看到并告诉伙伴们："我们现在援助上海电机厂，不仅是与他们风雨同舟共渡难关，从市场经济角度讲，这也是给了我们厂一次发展的大机遇。"正是投之以桃，报之以李，后来果然重振雄风的上海电机厂，将"患难之交"的申茂电磁线厂列为配套材料定点供应厂，建立了长期牢固的协作关系，使申茂厂的业务源源不断年年增长。

当风雨过后，国家大型重点企业上海电机厂的这个分管物资采购的业务副厂长和质保部门干部，再次来到申茂厂作对供应商的例行检查和考核时，在陆惠芳的引领下，看着已经新建的几个大车间和自己动手制造的一台台一排排电磁线生产机器，和一盘盘闪着金铜色光泽的各种规格的电磁线产

陆惠芳（左三）在新产品鉴定会上

品，连连点头表示称赞。这次检查后，在厂里食堂简朴的农家菜午餐上，这位上海电机厂的厂领导向陆惠芳介绍了对申茂电磁线厂而言的第一家外地客户——南京汽轮电机厂。现任生产副厂长徐宝祥说，给南京汽轮电机厂的第一次送货，就是他负责送去的，当时他是车间主任。

此后，经过陆惠芳亲自外出的营销攻关，凭借着申茂电磁线厂为上海电机厂配套供货的"王牌"，客户越来越多了。在当时的同类产品行业中，申茂厂的产品不论从质量、价格以及售后服务上都已是佼佼者。但陆惠芳清醒地认识到：只有真正练好整个企业的内功，才能使企业始终保持发展的后劲。鉴于这个认识，在聘请来厂的高级工程师等骨干的策划下，陆惠芳大刀阔斧地开始对厂内旧设备进行了分为三期的技术改造创新工作。从1995年开始至1997年申茂厂进行了一期技术改造，建立了特种电磁线车间，自行设计制造了具有国际上90年代末先进水平的电工专用设备；1998年完成了第二期技术改造，采用了先进的退火设备工艺、工艺装备，并建立了先进的检测中心，进一步提高了生产能力；到现在，厂里正在进行第三期更新工作。陆惠芳的目

陆惠芳（中）在ISO 9002质量体系认证的动员大会上讲话

标是：在不久的将来，将申茂厂建成国内的从硬件到软件均为第一流的电磁线专业工厂。

由于注重提高电磁线系列产品的技术含量，为客户不断地提供科技含量高的新型电工材料，几年来，该厂的"鸽翔牌"电磁线系列产品在赢得了上海电机厂的信任后，在该厂的引荐下，加上陆惠芳不辞辛劳地走南闯北，积极开拓市场，至今产品相继进入铁道部永济电机厂、哈尔滨电机厂、东方电机厂、北京重型电机厂等近20家国有大中型电机制造厂，能与国家电力重点工程配套，市场占有率越来越广，已相继用于国家重点项目，江亚、万家寨、李家峡、小浪底、二滩等水力发电站，进而为用于三峡水电站等大型水轮发电机组和汽轮发电机组做好了充分的准备；市场占有率不断提高，1995年就被国家机械工业部认可为电磁线定点生产企业。

这时，我国加入世贸组织（WTO）的谈判正在紧锣密鼓地进行中。为了迎接加入WTO打进国际市场，申茂厂在进行设备技改的同时，就已按国际标准IEC、DIN、NEMA等标准或某国、某企业的产品标准来开发和研制产品，使产品生产经常处于更新换代和不断提高产品整体质量水平之中，厂里生产的十二大系列电磁线产品性能均已达到了发达国家同类产品的水平。尤其可贵的是，其中涤纶玻璃丝包烧结绕阻线，是我国三峡工程列入国产化的国家级科研项目之一。在陆惠芳的带领下，也于1997年于国内首家试制成功并已投入批量生产，填补了我国电磁线行业新产品的空白，为提升申茂厂在国内外同行业中的影响打下了坚实的基础。

然而，日日夜夜废寝忘食，真像厂里职工形容他们的带头人那样："厂长每天都在忙，眼睛一睁忙到熄灯！"如此辛劳地一心扑在生产和经营上的陆惠芳，终于也把自己累倒了。一天傍晚正在车间里检查质量的陆惠芳突然胃部不适，她用手按住胃部坚持着，脸色苍白，直冒冷汗。一女操作工发现后拉着陆惠芳的手，泪水满面地说："为了企业，为了我们，厂长您要保重身体，把病治好呀"！大家硬是把陆惠芳送进了医院。而她却不肯听从住院二周的"命令"，悄悄地做了"逃兵"。又有一次，陆惠芳上兰州电机厂质量回访，刚下飞机，客户接机后在赴厂途中，双眼突然发黑而晕了过去。客户急速把陆惠芳送进医院一诊断，是胃大出血，住进了兰州医院。可她病未愈又下了厂，客户们感动地说："一个女同志有这种拼劲，我们佩服！"1993年10月，上海举行十佳优秀青年演员戏曲新秀大赛，参赛的小女儿顾奇军也希望自己的父母像别人的家长一样去观看和助威，但陆惠芳没有答应女儿的小小要求，为了企业的发展，而是按厂里的既定工作计划，踏上了去大西北的征程。为了聆听女儿在大赛中的情况，她随身带了一台小收录机和一盒录有女儿沪剧唱段的音带，在千里之遥默默为女儿祝福，寄托对女儿的思念之情！当女儿荣获一等奖的捷报传来时，陆惠芳用长途电话为女儿遥遥祝贺！

在社会主义市场经济这个大舞台上，已显示出长袖善舞能力的陆惠芳，到此刻可以说是创业取得了成功！这对她的家乡——南汇县瓦屑镇平桥村的

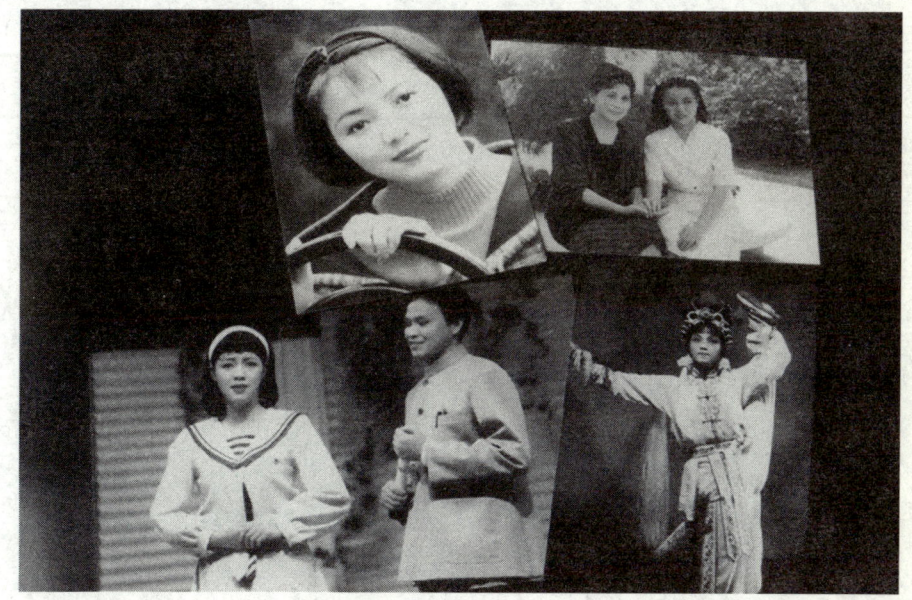

陆惠芳的小女儿、上海沪剧新秀、曾被评为上海十佳青年演员的顾奇军（左上）与她演出的部分沪剧剧照：《明月照母心》（右上）、《碧落黄泉》（左下）、《盗仙草》（右下）

面貌来说，是一个历史的飞跃：崭新屹立在平桥村田野上的申茂电磁线厂的一座三层办公大楼和一排排宽敞厂房就是明证。而对陆惠芳本人来说，更是她人生价值的升华——不容置疑，从农家女走来的她已成长为一个企业家了。为此，党和人民授予了她荣誉：至2000年，她已先后多次被评为上海市、南汇县的三八红旗手、先进工作者，1994年还被评为上海市劳动模范。

陆惠芳的家乡——上海南汇县盛产水蜜桃，她和她的申茂电磁线厂就像那三月春末盛开的桃花，芳香四溢，色彩艳丽，在上海郊县广袤的农村沃土上闪耀，在祖国江河湖海的许多重点电力工程项目上散发着芬芳……

十一、大算盘记小账

随着生产的发展，在即将跨入21世纪的前夕，一幢崭新的办公大楼，在申茂电磁线厂落成了。这座飞檐琉瓦的办公大楼坐北朝南，不仅具有中华民族传统的建筑风格，在其使用功能上，更是充分发挥了综合性的特征：以中央入口玻璃门为界，一层东侧走道两边均为办公室，西侧是职工大餐厅，紧连着厨房；二楼东侧为厂领导办公室，西侧有会议室和贵宾小餐厅；三楼东侧为多功能文化娱乐大厅，西侧则辟为宾馆式客房，供来厂洽谈联系业务的客户歇脚住宿，且这个住宿是免费的。

从这座办公大楼的多功能使用，不仅看到了陆惠芳的匠心独运，而且让我们又一次体会到了这个当家人精打细算、勤俭办厂的优秀品质！实际上，这个品质，从陆惠芳被调到大队中心场工作就开始体现出来了。首先，是表现在职工的伙食上。

还在1990年，妹妹陆惠仙刚从深圳打工回来不久，正在家里照顾孩子，就被姐姐陆惠芳找来，一句话："惠仙，侬到厂里来烧饭！"

那时，食用菌厂正兴旺，还在用小拉丝机的电磁线业务也开始忙起来，厂的食堂灶间还在东头。从陆惠芳到大队中心场当家开始，对所有来厂的客户以及领导和朋友，接待的午餐或晚饭，都是在厂的食堂里，从不去外面的馆子。除非她正好外出联系业务，只好与客人一起在外面找酒楼饭店。而来厂的客户们包括各级领导和各界朋友，实际上倒很愿意在陆惠芳的厂子里吃住，觉得尝到了真货实价的农家菜。因为食堂炒出来的菜肴，所有原料都是现时去村镇集市上购买来的时鲜蔬菜，有时还索性到职工们家里的地头去直接摘来，和河边刚钓上来的活蹦乱跳的鲜鱼，除了猪肉。每当吃饭，尽管陆惠芳在招待时总要说"这是伲农村里的普通菜肴，呒啥好招待"，云云，但客人们却都向陆惠芳赞叹，异口同声地说："好！好！"正是在这个启发下，趁现在新办公大楼落成使用之际，陆惠芳作出了一个更积极而又实惠的布局。她把妹妹陆惠仙叫到办公室来，说：

"惠仙，餐厅和厨房现在到西头来了。原来东头那边就盖两个猪棚，伲自己养猪，我看蛮好！侬看呢？"

"好呀！"惠仙点头。

"另外，原食堂朝北，小河边那一块地，种几亩蔬菜！"陆惠芳说。"从现在开始，这一块副业包括食堂，就由你负责统管了！"

"好呀！"惠仙还是点头。

"只是辛苦你了！至于人手"，陆惠芳说："到村里再招收几个职工！"

妹妹还是点头说好。

"不过，"陆惠芳再叮嘱妹妹："从今开始，你又是伙头将军又是后勤头头，要学会精打细算，记好小账哦！这里面也大有学问哩！妹妹，你马虎不得啊！因为，你要记牢，伲这份家业，创建起来不容易啊！"

听姐姐这样说，惠仙更是连连点头称是。

最后，陆惠芳又关照妹妹，到村里招副业生产的职工，要尽可能在残疾

陆惠芳妹妹、申茂电磁线厂后勤总管陆惠仙

人当中找，一些残疾程度轻的村民还是可以从事养猪种植蔬菜等农活的。

妹妹陆惠仙都一一照办了。

十多年后的今天，在厂区东侧，过了一条小涧，展现在眼前的是一片片绿色深浅相间的蔬菜田畦，这里有青菜、卷心菜、菠菜、芹菜和葱蒜等，南边的猪棚里有大大小小的生猪，而在两边的小河里则嬉戏着鸭子，河边微微隆起的坡地上散养着鸡群，一片叽叽呱呱声，显得十分热闹。这里的蔬菜已有7亩地，生猪饲养，到2009年底，已达到了54头。基本上解决了厂里全年用餐的需求量！

就后勤副业这一块而言，若和经常上外面酒楼去招待客户或朋友的花费来比较，该是为厂里节约了多大的一笔开支啊！

还有：一天，陆惠芳又把自己的夫君请到了办公室。她还是以她爽快的性格，开门见山地说道：

"正生，我考虑过了，你就独立出来，专门做木盘。如何？"

顾松木器厂外景和生产的木盘，这里曾是平桥食用菌厂所在地，紧靠申茂电磁线厂

原来，电磁线厂上马后，用以绕装电磁线的木盘，随着电磁线产能的日趋增加，需求也越来越多，越来越迫切了。一开始，都是去外面定制，厂里自己的木盘小作坊只有十来个人，每天制作百十来只，临时应付急需。现在不行了，陆惠芳已从生产科反馈的信息了解到，厂里每月需要的电磁线木盘，要四千多只。再到外面去定购，不仅将提高生产成本，从时间周转上也有所不便。由此，陆惠芳作出了这个决定。

"可以呀！"顾正生点头道："惠芳侬既然同意我独立出来，那我也不客气，就另起灶头，专门成立个木器厂，我当厂长，从厂名到财务核算、生产管理等等，完全独立！统由我负责，侬勿要插手！"

陆惠芳心里想道你来不及独立，原来是要实权啊！于是笑说："当然可以。你生产的木盘卖给厂里，价钱照算，利润归你，一清二楚。不过，我闲话说在前头：一是你要确保对厂里的木盘供应；二是厂里收购你的木盘，也要按质论价，次品也要一律退回，这叫亲兄弟明算账——来不得半点含糊！"末尾

申茂电磁线厂养猪圈

又补了一句:"你还要有思想准备:厂里采购木盘也是要走竞争机制的,要货比三家的哦!"

顾正生知道妻子办事向来认真,说一不二。一边点头答应,一边趁机提出个要求:为了运输(采购木材和为厂里送木盘成品等)需要,请厂里支持一辆微型货斗汽车。陆惠芳爽快地答应了:她从自己办厂初期想起,万事开头难,总是要帮人一把的啊!

2000年,顾松木器厂建立,顾正生任厂长。现改为上海顾松木器有限公司,顾正生为董事长,专门为申茂电磁线厂生产制作各种规格的电磁线木盘。厂部办公室设在瓦屑的果园桥。后来又搬了回来,与申茂厂并肩而立。

在申茂电磁线厂的发展史上,陆惠芳还做了一件大事,这就是1996年10月开办的绿园山庄墓园。

兴建绿园山庄的起因还颇有一段小故事。陆惠芳从兴办电磁线厂开始,就和慈善福利事业发生了紧密的关系。这表现在申茂电磁线厂职工成分的比

申茂电磁线厂养鸡场

例上：她很关心残疾人，1992年申茂正式挂牌时，被招收进厂的残疾人已占到全厂职工的40％，比例不可算不高。这些残疾人员有哑巴、聋子，也有肢体方面、智障方面残缺的，等等，大多是瓦屑镇范围内村乡上的村民。若按上岗比例讲，也达到了福利企业的上岗比例。并且凡是上岗的残疾人，与正常职工同工同酬，毫无异样或歧视。这一举措，获得了广泛好评，不仅残疾人本身，连同他们的亲属乃至四周围的邻里乡亲，也都纷纷赞扬陆惠芳为家乡又做了件大好事。

企业本来就办在当地，与村舍毗邻并肩。日出而作日落而息的村民，每每晚饭后的闲暇，有时踱步也会踱到厂门口来。自盖起新办公大楼后，楼前朝南铺设成绿地小广场，种有树木，栽有花卉，铺了曲径，直通新建的风凉亭阁。对平桥村出现的这样美丽的一家花园般工厂，村民们怎不要时时来看一看，来走一走，乃至流连忘返呢？！

这一天，又是初夏的傍晚，微风送爽，村里的几个男女老少饭后散步，又

申茂电磁线厂蔬菜地

来到了厂门口。此时,厂里日班已下班,只有车间里的中班工人还在劳动中。但陆惠芳还没有下班离厂。她从自己二楼办公室朝外望去,见到了这几位老人和孩子,就忙下楼去,请他们进来,到办公楼前的花径草地里走走,风凉亭里坐坐。陆惠芳早就嘱咐过了门卫,厂里下班后若遇到邻里乡亲来厂,都可以请他们进来在花圃里坐坐小憩。好在门卫职工也都是工厂左右村舍里的,都是熟人熟面孔,亲亲热热地也愿意这样做。

"阿芳啊,"这次其中一个稍为上了年纪的汉子,对陆惠芳说道:"你这个厂办得好啊!特别是村里的残疾人,哪个不夸你!"

"阿叔",陆惠芳尊称他一声,笑道:"为乡亲做点事,也是应该的。只是还做得不够啊!还要请阿叔多多指点!"

"好呀!"这个肤色黑里透红的汉子,想了想,忽用山东方言笑着说道:"要说不够,俺真要给你讲一讲:惠芳同志啊,你是把俺们这些人给忘了啊!"

"此话怎讲?!"陆惠芳一时没有明白过来。她知道,他是解放战争时期

顾正生陆惠芳夫妇2008年5月在浙江天目山

渡过长江一路打到上海,后在上海从部队转业到地方并在上海本地成了家的南下干部,现已离休在家赋闲。但他的肤色、他的语声、他的举手投足还显示着战士的本色。

"俺们这些人,"他说:"虽在这儿成了家,可这儿没有俺们的根,山东老家又回不去了,将来身后事,把俺放哪里去呀!"说罢哈哈大笑起来。

"啊啊,这里就是你们的家,这里就是你们的根!"陆惠芳虽然这样连声安慰他,却突然觉得内心空落落的,仿佛确是缺少了一桩她该做的却还没有去做的事。但这应该究竟是什么事呢?

这天晚上,陆惠芳夫妇俩在议论这件事时,顾正生一下子把她点醒了:从厂里拨出一部分资金,办个陵园。

"惠芳,"顾正生认识这位离休的南下干部,慢声说道,"老李他给你说的可能就是这个意思——你看看,伲整个瓦屑镇范围内没有一个陵园公墓。这叫他们百年后怎么办?像老李这样渡江而来的南下干部,在伲瓦屑也有好几个哩!"

"是的,"陆惠芳点头道:"老李他们都是为解放新中国作出了贡献的人,他们在枪林弹雨中出生入死,不容易!我们现在有一点经济条件了,也确实应该为他们的身后事做个好安排,好让他们放下心来安度晚年!"

夫妻俩就这样,当晚决定由申茂电磁线厂出资,为家乡的公益事业办一个陵园公墓。为了不影响厂里的工作,顾正生自告奋勇地担当了这个任务。从到民政局申请、登记,到县政府申请用地,直到对陵园的布局设计,全由顾正生一人挑下来了。当时,厂里投资一百八十多万元,向政府申请用地三十亩左右,绿园山庄就这样建成了。

绿园山庄的建成,为瓦屑镇乃至周浦地区的老百姓称道,特别是老人们,都为自己百年后有个不离故土的安息地而放下了心。这与当时上海整个城市用地规划有关系:党的十一届三中全会后,经济建设蓬勃发展,工业项目雨后春笋般地崛起,商品住宅和商务办公楼宇的兴建也热火朝天,城市用地越来越紧张。而生老病死的人生自然规律又是绕不过去的,人百年后的安息地与城市用地发生了矛盾。当时的上海,很多逝世的人,骨灰都被埋到了北上苏州、无锡,南下嘉兴、杭州等地的郊区群山上。20世纪七八十年代间,苏州郊区的青山绿水,几乎成了上海人百年身后的后花园,这到每年清明时节,从上海到苏州无论是公路还是铁道线上的极度拥堵的扫墓人流上就可得知。所以,陆惠芳的申茂电磁线厂投资建立了绿园山庄,为瓦屑地区的老百姓解决了一个百年之后的后顾之忧,怎么不让人称道呢?顾正生也是十分起劲,他觉得这也是一桩大好事,人的一生,生死生死,红红白白,都是喜事。他能在这方面为乡亲们出点力,心里是十分愿意的。绿园山庄的园名就是他起的,他认为,人死后,他也会永远留在他亲人们的心中;至于英雄模范,更会永远留在人民心中!从这个意义上来说,死者也是常青的,所以他为陵园取名为"绿园山

始终没有舍弃的农具

庄"。然后,他尽心构思设计:大堂四周绘制了流传于中国民间的二十四孝图,背衬祖国的青山绿水,他把自己骑自行车周游全国时拍的山水照也奉献了出来,放大作壁照。

绿园山庄开办后,香火逐年旺盛起来。顾正生出任绿园山庄经理,负责管理,工作十分认真和踏实。只是后来由于开办顾松木器厂,为厂里制作电磁线木盘,任务繁忙,顾正生逐渐与绿园山庄的管理疏远了。2002年,申茂厂按上级要求转制,而平桥村在申茂厂原有着21.63%的集体股份。经评估后进行产权交割,平桥村将原有的申茂厂股权转让给陆惠芳个人持有;而由申茂厂投资建设造的绿园山庄则归平桥村,以相抵其原有的申茂厂股权,同时开始由平桥村全权支配绿园山庄的经营管理权。在这样的情况下,因为绿园山庄的管理权和经营权转交给了平桥村委会,为此事,顾正生起先还有点不高

绕电磁线用的木盘

兴,他仿佛一下子失落了。直到后来厂房扩建后,产品一直做到了外商企业,申茂厂产品出了国门,做进了世界500强企业,生产更加兴旺发达,顾正生心头才舒缓过来,曾对笔者说道:"她陆惠芳拨打的总是大算盘!我不及她啊!"当然,此已是后话了。

但从以上几件事,确实看到了,陆惠芳在发展企业的运作中,总是在拨打大算盘。然而,我们也细心地可以发现,陆惠芳在拨打的大算盘中,从没有忽略过记小账啊。笔者在采访中曾戏问过顾正生这一点,你知道顾正生怎么说?

"哈!她可不会放过小账哩!"顾正生说,"我做的木盘,不要说都是按质论价,也不要说价格克扣得紧,就是一只次品都不要想蒙混过她的眼睛!"

顾正生说罢,仰头哈哈大笑。

十二、今日又闻"隆中对"

少年时代因家境贫困读书不多，但靠自学而阅读了一些优秀文学作品的陆惠芳，在中国传统文化的熏陶下，自幼就懂得礼貌待人，不耻下问。她逢人必叫：对长辈就尊称，是平辈就亲切热情，见到小辈就和蔼关怀；她不懂必然好学请教；她做事干活必身体力行从不懈怠；而生活上，她始终朴素清淡，从不奢侈，等等等等。她的这些好品质在家乡的父老兄弟姐妹中，人人皆知；在村舍邻里间和乡野田头上，处处可闻。待到她终于才华显露，在家乡瓦屑平桥的田野上大手笔地创办电磁线厂后，更把礼贤下士放在了办厂的首要位置上。

本书开头叙述的陆惠芳在去襄樊作用户访问时，客户方曾邀请她去游览襄阳城西三国时诸葛亮的故居古隆中。虽然由于她一心扑在工作上而未能去成，但对我国东汉末年三国并立时期刘备三顾茅庐敬请诸葛亮出山的故事，她也早已烂熟于胸了，这不仅是因了襄樊用户朋友们的介绍渲染，更是她自己少年时代就已有的读书知识积累，何况刘备三请诸葛亮这个"三顾茅庐"的故事，是妇幼皆知家喻户晓的，千余年来，在中华大地上经久不息地传诵着。

然而，知道这个故事是一回事，把这个故事运用到自己的人生道路上来，则又是另一回事。而这恰恰离不开运用这个故事之人的自身品质和素养，以及他或她所从事的是何种性质的事业：是为大众谋，还是实为一己私？！自女儿家开始就立志学英雄，为乡亲们致富、为改变家乡面貌而相继到大队中心场搞副业、办食用菌厂到创建电磁线厂，陆惠芳是矢志不渝，一心一意地为集体致富而扑在事业上。正是在这个基点上，陆惠芳在创办建立申茂电磁线厂的历程中，她自然而然地用好了这个故事，并且可以说发挥到了极致：改革开放30年来，在天时、地利、人和中，申茂厂终于如日中天地发展起来了。就让我们来看看其中的人和吧：从萌发办电磁线厂开始，陆惠芳就知道了人才的重要性。从她对上海铜材厂请来的一位"星期日工程师"单工的接待、发挥其才干直到最后在支付其薪酬上的果决，就已可看到陆惠芳是如何礼贤下士、善待职工的了。

电磁线业务量的增加，生产能力的扩大，越来越使陆惠芳感到了广揽技术人才的重要性。这时，国家从计划经济向市场经济转轨中发生的许多大中型国企因转变经营机制而要分流人员的情况，被陆惠芳知道了。她敏锐地抓住了这个机遇，在同行们提供的情况下，她立即买了火车票赶到郑州去了：郑州电磁线厂有一批技术人员要分流。

在郑州，第一次她虽然受到了欢迎接待，但没有技术员跟她回来。长期以来在国有体制羽翼下生存的人们，还未能从"生老病死有依靠"的由一本红色工作证定终身的梦魇中惊醒过来啊。

陆惠芳决定再去郑州。从上海到郑州，那时厂里经济能力还不富裕，陆惠芳来回乘坐的是火车。经济刚搞活，天下熙熙攘攘，人们南来北往，客运不管是公路铁路还是水路，自然十分紧张。第一次去郑州厂里替陆惠芳买到了硬卧票，但回上海时却都是在硬座上坐回来的：近十五小时的夜行晃动的

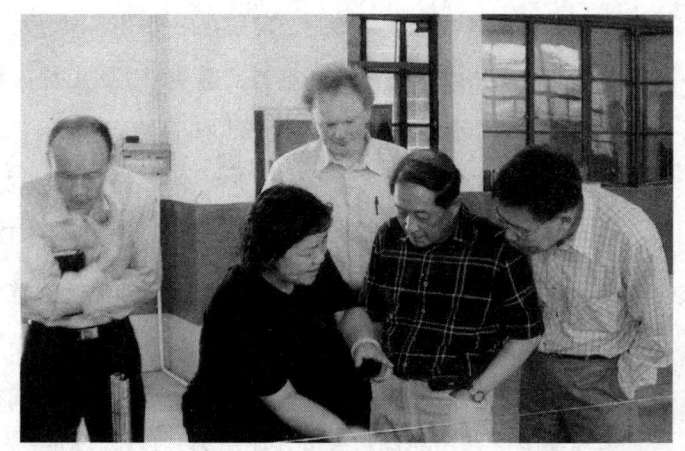

王奎冠总工程师（右二）在车间

难眠路程啊。而这第二次上郑州，去时就连卧铺票也未能买到，厂办公室征求她的意见，她说"把硬座票给我"，提包就上火车站了。在火车站，她买了两包方便面。

陆惠芳这第二次去郑州，以刘备与诸葛亮的"隆中对"精神，终于请回来了时任那边生产副厂长的王奎冠高级工程师。陆惠芳在瓦屑镇上专门为他购置了一套二室一厅的住房，让其把老伴也接了过来，安居乐业，负责申茂电磁线厂的技术总工程，任厂总工程师。王工毕业于浙江大学，原本就是浙江人，毕业后被分配到河南郑州工作，所以这次南归不论是生活习惯还是语言沟通上他也很快就都能适应。特别是陆惠芳对他的安排和礼遇，使他很为感动。在郑州电磁线厂工作实践中积累起来的丰富经验，他运用到申茂厂，使厂里的生产技术和产品质量进一步走上了正轨，为申茂厂的发展作出了很大的贡献。陆惠芳对他的关心是无微不至的，王奎冠总工程师在2005年退休后赋闲在镇上的家里时，由于未能注意天气变化而突发心肌梗死。陆惠芳得知后，迅捷将王工送到医院抢救并治疗，前后花去费用达10万元之巨。之后，因为其子女都已在郑州成家立业，陆惠芳又遵从王工的心愿，将王工夫妇俩派人护送回郑州，与子女一起共享天伦之乐，安度晚年。

被传为佳话的还有陆惠芳三次去上海城里，到上海电磁线一厂，聘请来了几个技术人员，安排在电磁线生产过程中的几个关键技术岗位上，负责把关。至于平日里，陆惠芳每次下车间，都会随时地向他们请教电磁线生产中的一些技术问题，向他们认真学习。由于虚心好学，在电磁线生产的技术上，陆惠芳也逐渐从外行向内行快速过渡着。几年里，或在车间现场，或在技术人员身边，或在王总工的办公室里，职工们时常会见到陆惠芳的身影：她在向他们讨教电磁线生产技术；她在与他们一起分析生产过程中出现的一些问题；她在学习他们处理和解决各种疑难问题的技术方法，……可以说，在申茂电磁线厂，在陆惠芳的行动中，人们仿佛又听闻到了"隆中对"的历史回声！

陆惠芳尊重科技人员，不分男女，更不分老少。对青年工程师宋安的培养和使用，就是一个生动的例子。

宋安第一次来申茂电磁线厂是2002年，是因那台从福州买来的美国制造的绕包机出了点故障而来。他是被陆惠芳请来为它修理的。宋安毕业于上海工业大学的工业自动化专业，当时他在浦东国际机场工作，负责运输设备的管理和维修。之前还在日本的欧姆龙中国公司工作过，所以对机械设备特别是进口的自动化设备有所熟悉。经过对这台美国绕包机的修整，宋安认识了陆惠芳。而陆惠芳对这个小伙子的专业水平和工作态度也有了好印象。不久，申茂厂又从其他单位购进了一台切料机，到厂使用不久又发生了一些小故障。这台切割机是从法国的阿尔斯通中国公司购来的，虽也是二手货，却也是进口设备。这台设备也是捡的便宜货，因为对电磁线的深加工，专业水力发电设备的阿尔斯通不愿意做，把切割机放弃，深加工也就转到了中国工厂去了。陆惠芳知情后，拍板买下了这台进口切割机。陆惠芳就又把宋安请来厂修理了。一来二去，陆惠芳进一步熟悉了宋安。平时休假或节日，宋安也常来申茂厂走走。2003年的一个休假天，宋安在陆惠芳办公室闲聊时，对陆惠芳说了自己想离开浦东国际机场，去国外深造的心愿。

陆惠芳注视着这个浓眉大眼的小伙子问："再去深造什么专业呢？"

宋安说："还是工业自动化。"

陆惠芳又问："到哪个国家？"

"澳大利亚，"宋安答道，"到那里读电子及计算机系统工程，这方面，澳大利亚排名世界一流。"

"要多少时间？"

"读硕士研究生学位，一年半。"

陆惠芳又问了一些出国深造的费用等问题。宋安一一作了回答和讲述。听罢宋安的情况，陆惠芳当即决定，对宋安说道：

"小宋，这样吧，你到澳大利亚深造，一切费用伲申茂厂负担。我只有一个条件，你学习回来后，到伲申茂厂工作。你看如何？你考虑一下，回家也和父母商量商量，下星期里就给我一个明确答复。"

还商量什么？还考虑什么？对陆总如此爽朗、优厚的决定，宋安是十分高兴和激动的。他也当场就以肯定的态度回答了陆惠芳。

接下来，陆惠芳亲切地向宋安讲述了她的对申茂厂发展前景的考虑。此时厂里已发生了曹姓经营厂长分裂的事件（后面本书将有专节叙述），陆惠芳在度过了这一困难时期后，已决心向国外厂商开拓业务，并且也开始与外商企业接触了。这样，厂里就极需要外贸方面的人才，这个人才不仅在外语上要有相当水平，更要在工业自动化以及电磁线方面掌握一定的专业技术。陆惠芳在寻觅这方面的人才过程中，发觉宋安是一个最理想的人选。本来，宋安来申茂厂两次修好了进口设备后,陆惠芳就已有心想把他调到厂里来。却又怕宋安不一定愿意,因为与申茂电磁线厂相比较,上海浦东国际机场对年轻人的就业选择来说,似乎更有吸引力,这归根到底也是与我们国家搞了几十年一贯制的国企大锅饭有关。随着改革开放的深入和时代的发展,年轻一代的观念会有改变,但他们父辈却是很难转变这种观念的,总希望子女的工作单位是国企好。也所以,陆惠芳在与宋安讲了她的决定后,还特意提了要宋安回家与父母商量再听听他们的意见。

所以眼下见宋安这个小年轻也如此爽快,陆惠芳心里也十分高兴,就给他讲了她的思考。她告诉小宋,申茂厂一定要走出国门,"伲申茂厂的电磁线产品,一定要创中国第一,争世界一流!"陆惠芳坚定地说,"而要做到这一点,伲就要学习和掌握外国的先进技术。这方面,小宋,你们年轻人是大有作为的啊!"

宋安激动地点点头。

陆惠芳就这样,满怀信任、期待和热情,送宋安乘上了飞往澳大利亚的飞机。

宋安是2005年3月底回国的,4月1日他就来申茂厂报到上班了。陆惠芳安排他专门与外商企业接洽、商谈业务,并让他作为自己的特别助理,同时担任管理者代表。几年来,宋安不负陆惠芳与全厂职工的期望,在开拓外商企业的业务中成绩斐然,不仅获得了陆惠芳的肯定,也被外企代表所赞赏!因为来中国的外商,最注重的也是最希望与之打交道的,是既懂业内技术而又能熟练地运用外语会话的人,而在申茂厂正是宋安,成了这方面的两栖人才。由于厂里的外企业务渐趋佳境,宋安与外籍厂商打交道接连不断,工作十分繁忙,以至于连婚期都已推迟了两次。鉴于宋安的忘我而又突出表现,经全厂职工推选,2007年6月,宋安被中华全国总工会和中华全国工商业联合会授予了"热爱企业优秀职工"光荣称号；2009年5月又被上海市总工会授予第二届"上海市职工科技创新标兵"称号。

陆惠芳对宋安是满意的，也深感欣慰；她多次关心地询问小宋的婚期，希望他除了工作上的成功，生活上也幸福快乐。同时，陆惠芳也很关心他的身体。宋安小时候因病致使腰背有点驼形，乍看上去似乎他的腰背上总有伤痛。所以，陆惠芳每次见到他，总要关照他注意身体。

陆惠芳就是这样地礼贤下士，关爱职工。而在一个普通的女销售人员身上，陆惠芳的体贴关爱，更是令人激动得为之洒下热泪——含着热泪给笔者讲述这个故事的就是申茂厂的女职工王倩。下面就是王倩对笔者讲述的她与陆惠芳的故事。

"我是2003年认识陆总的，我一来厂就是做销售工作。我来了之后，对陆总的第一印象——实际上，我在2001年就在行业内听到人们讲述过陆总，说她的企业发展得很好，在中国的电磁线电缆线行业中是很有名气的。大家都很敬佩她！交谈中，都觉得陆总是个很神奇的女性。因为自己也是一个女人，更觉得她的一切应该是自己学习的榜样。所以，我一直想结识她，认识她！我第一次见到陆总是在上海电机厂的供应商活动中，就感到她是一个风度优雅、仪态庄重大方的女人，但没有机会和她接触讲话。后来，也许是一种机遇、一种缘分，经人介绍，我来申茂厂应聘。面试时我第一次能近距离接触到了陆总，陆总对我进行面试和谈话。当时我两眼紧盯着陆总她看，感到她不像一个企业家那样盛气凌人，好像财大气粗的样子。我总觉得她就像一个老师，像一个校长，更像一个农村的乡镇干部。与我谈话也是循循善诱，很善和，神态显得很端庄，很朴实，而且也很优雅。这就是陆总给我的第一印象。

"我正式工作以后，陆总对我很关心。因为我家在江苏太仓，到南汇瓦屑这里是有段路程的，所以厂里给我安排了住宿，正常的话，我每周末回次太仓家里去。所以陆总在住宿方面，我的吃饭，等等生活方面都很关心，都给我亮绿灯。她对大家说：'王倩是倪销售部的独养女儿，倪要当宝贝一样关爱她！'所以在销售部，她嘱咐大家一切都要先考虑到我，照顾我。因为除了我，销售部都是男职工。

"我来了以后，在和陆总的接触中，切身体会到她的创业极不容易，她的文化程度并不高，全靠自己不断地学习，做到老学到老，一直自己看些书，也有电磁线技术方面的书；而且她做事也都是很有毅力很有恒心的，你不要看她是老板，一个老总，她各方面都是很以身作则的，不管在工作上还是在生活上。

"陆总对细小的事情考虑得也很周到。包括我身体上哪里有什么不舒服，她都记住的，要我注意什么啊，要我吃些什么啊。她关心人还表现在记性上，她记性也特别好，包括对待客户，每当客户离厂回外地，她很关心地嘱咐我们要为客户准备好矿泉水、水果、干点什么的，坐火车要喝的，使客户深受感动，都说：'一个老板事业做得这样大，还为我们牵挂着这些小事，为我们一路上考虑得这样周到！'充分显示了陆总细腻的工作作风。上海的一些客户，都把陆总亲切地称呼为'大阿姐，''大阿姐'！

"陆总待我，就像母亲对待女儿一样关爱！说来也像，每次我跟她一起出差，在人家看来，就像娘俩一样！都对我说：'看你们陆总待你多好，陆总把你当自己的女儿一样！'我说：'是的！'我自己深感到，我来申茂后贡献没作多少，而陆总对我的关心却是不少！可以说，陆总对我的关心超出了我在厂里工作的回报！

"我跟着陆总，感到从她身上学习到了很多东西，除了工作方面，还有待人处事，都使我受益不少！我喜欢和陆总闲聊，从闲聊中也能从陆总身上学到她的思考问题的方法，常常星期六也不回太仓去。以至我爱人亲口对陆总说：'王倩是乐不思蜀，在你厂里是开心呀，星期天也不想回家啦！'

"是的，每逢周六周日，我总想留在厂里与陆总谈心，因为陆总除了出差，她每天都是在厂里的。在陆总的感染下，我也以厂为家了，舍不得离开厂。我老公还笑对陆总说：'你待她太好了！好得超过了我们家人，所以，王倩是不想回家了！'

"工作中，我若碰到困难，需要我方厂领导出面，陆总总是第一时间帮助我到客户那里协调解决。并且，陆总还十分准时履约，说好几时到，就一定几点到。为此，有一家我联系的台湾客户，约好时间不到，我都敢批评他，要他向我们老板（陆总）学习。而此时，陆总反而会笑着为对方打掩护，说啥'可能路上堵车'呀什么的。陆总总是关心人为他人着想。有一次一起去北京出差，下了飞机后，有一段路需提着拉杆箱走，我感到累，陆总就抢着帮助提我的行李箱。我说：'哎，陆总，我年纪轻，力气比你大，应该是让我来帮你提！'陆总一边走一边说：'我年轻时手提肩挑在田里干过农活，身板比你结实，力气比你大！'说得很纯朴实在。并且，陆总身体确是比我健朗，她走路的脚步矫健而又快速，有时我真还跟不上她呢。我感到很不好意思，过意不去。但陆总却毫不在意，一起出差，碰到重的东西，陆总总是抢着提，没有一点大老板的架子！这些虽是小事，却使我深感陆总的平易近人，做人的朴实和厚道，使我感动不已！

"我若碰到什么不开心的事，陆总就会细致地劝导我，做我的思想工作。前不久高考结束，我儿子考得不够好，我几天不开心。陆总就开导我，说：'孩子一次没考好，不等于将来就没出息！'又说：'一次考试，也不能说明孩子的正常成绩，孩子的潜力也不一定发挥出来！'陆总平常的一席话，使我心情好转过来。并且，我还体会到，陆总讲的话总是很朴素，通俗易懂，又含有哲理、一种朴素的哲理，令人信服。

"几年来我跟着陆总，在她的潜移默化下，自己感到也变化很大，风度啊，举止啊，我也在变。连我老公也说我的性格有些变。有的客户看到这一点，也都说：'你受你们老板影响，变化很大哩！越来越漂亮了！'也有的客户知道我爱人是一家外资企业的经理，就会说：'你爱人工作岗位这么好，你又有风度，何必还要在外面东奔西走地跑业务呢？'我不接受这种说法。我想，爱人工作再好，是他的人生价值，我应该追求自己的人生价值！每个人都应该有自己的理想，有自己的追求，而这方面，陆总就是自己的楷模！

"陆总对我的关心，有时候使我激动不已！因为年纪轻，晚上有时加班或陪客户活动，搞得很晚，第二天早上起来，往往过了食堂供应早餐的时间。这种情况经常有。后来有一次，陆总上班后知道我早餐还未吃，立即吩咐食堂专门为我开了小灶做了早饭，且在餐桌上摆放好，催着我去吃！她陪着我到餐厅，一边催我吃，一边说：'王倩啊，以后工作再忙，也不能耽误吃饭啊！人是钢，饭是铁！不吃饭，伤了身体，又怎么工作呀！'又对餐厅的厨房师傅关照说：'今后再碰到这种情况，你们就专门给王倩开小灶！'陆总待我真是像女儿一样啊！当时，我流下了眼泪！泣声说：'陆总，你、你太疼我了！'

"陆总笑道：'傻丫头，哭啥呀！你在我身边，我不疼你谁疼你啊！'"

王倩给笔者讲述到这里，一双美丽的大眼睛里盈满了热泪！

这，就是陆惠芳；这，就是陆惠芳和她的职工之间关系的生动写照。

采访最后，王倩还告诉笔者一件事：有一次她接待一个巴西客商，在交谈中，王倩对巴西客商说道："足球是你们巴西的骄傲，申茂电磁线是我们中国电磁线行业的骄傲！对吗？"

"Yes,No. one!No.one!"巴西客商跷起大拇指，连连点头称是。

王倩对巴西客商说的话，不正是申茂电磁线厂职工的心声吗？！

十三、"人啊,人!"

然而,陆惠芳怎么也没有想到,就在她礼贤下士、厚待职工,与全厂职工一起努力工作,为申茂厂的发展而尽心竭力的时候,竟有一个人正在暗中活动,要与陆惠芳的申茂厂分庭抗礼,分裂而去。

此人就是分管营销业务的副厂长曹隆。

2000年底,陆惠芳按每年走访用户的惯例,在山西永济电机厂、太原电机厂、株洲电力机车厂等厂家走访后,风尘仆仆地回到了上海(此行陆惠芳曾邀笔者同行)。当天晚上,丈夫顾正生告诉了她一件事。

"惠芳,"顾正生轻声说:"曹隆在航头开了一家皮包公司。"

"你怎么知道?"陆惠芳正色地问道。她向来认真,不愿意听那些没有根据的无头无脑的传闻。

顾正生也正色说:"是航头工商管理所的一个朋友亲口告诉我的,他是我当年在周浦邮局一起送报的好朋友,曹隆在航头那里登记注册,就是在他手里办的,不会错!"

陆惠芳听了没有作声。但她心里相信了丈夫的这个讯息。实际上,她还在这次用户出访前，就已经听到了有关曹隆的事，并且，比这次丈夫讲的还要严重得多：曹隆正暗地里私自在做着电磁线的生意。这是陆惠芳的远房侄女傅菊仙告诉她的。而傅菊仙的消息来源，又是从一个驾驶员口中得来的。原来，那时候申茂电磁线厂为了业务的发展，已经购置了一辆小轿车，陆惠芳托傅菊仙找了一个驾驶员。就是这个驾驶员因曹隆经常用车外出，而逐渐发觉了副厂长曹隆背着厂里在外面做着电磁线生意的蛛丝马迹，他就把这消息悄悄地告诉了傅菊仙，而傅菊仙再转告了陆惠芳，并提醒陆惠芳要小心曹隆这个人。傅菊仙虽然叫陆惠芳婶婶，俩人年龄差距并不大，在宗族里只因是两代辈分了。傅菊仙当时已是中共瓦屑镇党委副书记，照例傅的话是不会随便说的，但当时陆不相信。此刻，再听了丈夫老顾的这个讯息，两条消息两厢印证，她终于相信了。但她心里想的是，现在正是全民经商的年代，社会上不要说在本职以外去外面兼职多的是；即便他另外再去办厂开公司，只要他不损害本厂利益，只要他有精力有本事办下去，那就随他去。想到这一点，她对丈夫说道：

"老顾，你这个消息今天就到我这里为止，暂时封口。"接着就把傅菊仙讲的情况告诉了丈夫。

顾正生一听急道："惠芳，你就是良心善，已经到这个时候你还在为别人考虑！他背着厂里在外面做的是电磁线生意，会不损害厂里的利益吗？！他手上哪里来的电磁线？！看来，伲厂里的管理上有大漏洞了！"

陆惠芳依然平静地道："老顾，厂里的管理上看来是有问题了，你从现在开始留心一些，关键部门查一查，只是还是不要太过张扬，让大家都知道曹隆的事，他现在毕竟还是抓营销的副厂长。"

"副厂长、副厂长，"顾正生抱怨道："你当初就不该把他引进来！并且一来就封他当副厂长，把营销大权送到他手上！现在倒好，咳，要坏事啊！……"

电磁线生产车间一角

　　顾正生的一番抱怨，顿时勾起了陆惠芳当时去曹隆家乡时的情景来了。那还是在种植食用菌业务的时候。与瓦屑平桥一样，那里也办有食用菌厂，曹隆就在这个食用菌厂工作。但同样是办食用菌厂，这个厂与平桥陆惠芳的食用菌厂相比，相去太远，厂没有办好，人员的积极性自然也就发挥不出来。曹隆当时就是处在这样的境况中：怀才不遇，心情郁闷。而其时，陆惠芳正在从副业生产向工业品生产的大跨越过程中。工业生产一旦上马，市场更大，交际也就更广泛，特别是对外营销，工作量将会相当大量而又频繁。陆惠芳未雨绸缪，就觉得单靠自己一个女同志管营销是会有诸多不便的，需要一个男性来负责这摊子工作。她正在物色这样一个管理人员，正好经一个老朋友的介绍，把曹隆推到了陆惠芳的面前。这个朋友对陆惠芳介绍说，曹隆此人能说会道，脑筋动得也快，年龄又值壮年，很适合搞对外营销工作。

　　那天，在这个朋友的带领下，曹隆来到平桥食用菌厂（那时食用菌厂还在生产，拉丝厂则刚上马）的厂长陆惠芳面前时，开口就喊了一声说：

申茂电磁线厂荣登2006年上海工业销售收入500强

"啊呀,大阿姐,早就大名灌耳了!今朝我能到大阿姐身边来帮忙,真是三生有幸啊!"

曹隆开口就叫陆惠芳为大阿姐。此后,直到他分裂而去,凡见到陆惠芳,就一口一声地"大阿姐"而没有停止过。此人的嘴上功夫,真比蜜糖还甜。

之后,陆惠芳也亲自去了一次曹隆家乡,看望曹隆以表示自己聘请他来申茂厂的诚意。

实际上,曹隆家乡的这个食用菌厂已经停业关门了,今天曹隆带陆惠芳来看他曾有过的办公室,也已是昨日黄花了。眼下,曹隆是在家里待业,只是此人好要面子,不愿让人家知道自己待业实际上是失业。——"待业"这个词组,是我们这个社会的发明,因为新中国成立后的很长一段历史时期内,在我国的计划经济体制下,人人都是在"生老病死有依靠"的一张红派司(指工作证)中生活过来的。改革开放后,从计划经济逐渐转入市场经济轨道,每个人的工作进入流动性，再也没有了铁饭碗，危机感出现了。但凡是失去工作的，没有人肯承认自己是"失业"，政府相关方面也不承认这个词汇，因为"失业"是资本主义社会的现象，而我们则是社会主义！社会主义社会岂能有失业现象？！这个观念很长一段时间禁锢在人们的意识中。此时的曹隆，就是这种境况。

"大阿姐，"曹隆在送别陆惠芳时，声音低沉、语气诚恳地说道："我现在虽然待业在家，但心思没有停过，只要侬大阿姐信得过我，我一定尽心竭力，为侬大阿姐、为申茂厂的发达，效犬马之劳！"

陆惠芳望着眼前这个个头不高、面色灰黄略瘦的刚跨入中年阶段的男子，含笑安慰他说道：

"大兄弟，只要肯做肯干，俗话讲：'鸟飞千里无阻拦，荒年饿不煞手俭人！'更不要说，现在国家改革开放，鼓励我们放开手脚搞经济，你来申茂，不要说啥效犬马之劳，我相信用武之地总是有的！你准备一下，马上就来上班吧！"

陆惠芳就这样，在曹隆正沉沦在生计困境泥沼里的时候，把他拉起来，拉到了申茂厂来。

曹隆来后，陆惠芳任命他为分管营销的副厂长，给他配了一大间有套房的办公室，并且就在自己的办公室边上；再给他配备了一辆小轿车，让他专用，虽说名分上是厂里跑业务的公车，他专用了上下班回家自然也就归他用了；后来在进行股份制改革的时候，陆惠芳按他担任的职务级别，也给他配售了一定比例的股份；同时，外勤的一切就让曹隆出面了，几乎所有已经建立了长期电磁线供应业务关系的客户，陆惠芳都移交给了曹隆。并且，每当曹隆赴外省市联系业务，陆惠芳都会为他准备好一些文件资料，甚至旅途中的一些必备的常用物品都让办公室人员帮他打点好，细致周到，真如一个大阿姐。曹隆有时自己都感到不好意思，笑对陆惠芳道：

"大阿姐，你真比我亲阿姐还关心我！"

陆惠芳坦然道："你把我当大阿姐，我自然也要把你作为自己兄弟看！"

而今，谁知道，这个口口声声"大阿姐"，这个自己把他当做兄弟看待的人，竟会在背着自己做着有损于申茂厂的事呢？！

此事接下来的发展，也被陆惠芳自己亲自碰到了。

这一天刚上班，销售科的负责人就来向陆惠芳汇报，说："科西那里来电话，今天要请厂负责人马上去一趟。"这两天，曹隆正好出差去江苏南京、常州等地，所以销售科长只好来向陆惠芳汇报。

科西是某装备集团下属的一个合资单位，由德国伏伊特、西门子和某装备集团合资成立的一家水电设备有限公司，对外简称"科西"。他们与申茂电磁线厂的业务是在某装备厂的基础上建立起来的。因为关系新建立不久，虽然某装备厂相关部门物资供应处和有关领导认识陆惠芳，但科西那边都不认识陆惠芳。所以，当陆惠芳在厂销售科科长驱车陪同下，赶到位于上海市远郊的科西时，科西采购部门的负责人，问陆惠芳：

"请问您是谁？"

陪陆惠芳去的销售科长抢着介绍说："她，就是我们申茂电磁线厂的陆惠芳厂长、陆董事长！"

科西的人诧异地说道："咦，申茂厂的老板不是曹隆吗？！他走了吗？！他跑到哪里去了？"一连串地抛了几个问题。

"你们搞错了！我们申茂厂的老板从来都是陆……"申茂厂的销售科长还要解释，被陆惠芳用手势止住了。她含笑对科西的同志说：

"今天曹隆另有任务，由我来洽谈。有什么事，我们可以谈。我也可以代表申茂厂的。"

"这，这……"科西的人听了陆惠芳的话，有些尴尬，"有、有些事，我们只能和曹老板，噢，曹隆同志谈的，这……"

"好，"陆惠芳爽朗地笑道："那你们就直接找曹隆吧！"

陆惠芳和厂销售科长，随即打道回府。汽车离开科西的时候，销售科长一边开着车，一边嘟囔着说："曹隆安的啥个心？！弄得现在连申茂厂的老板客户也勿认得了！"

回厂的路上，坐在轿车上的陆惠芳心潮翻腾。此时已是隆冬季节，车窗外闪过的公路边的行道树，树叶已落尽；在高速路上远望，天空阴霾密布，田野上也是乌灰一片，还没有庄稼。整个天地空间显得凝重。陆惠芳的心情也如同这天地空间，感到了沉重。她终于感到了问题的严重：看来，曹隆背着自己、背着厂里，做的事远不是"申茂厂老板是谁"的问题，应该认真对待了！她决定找曹隆先谈一次。

从上海远郊的科西回瓦屑的途中，销售科长一边开着车，一边还向陆惠芳汇报了近期的销售情况。他告诉陆惠芳，2000年下半年以来，订单显著减少了，而且，有些老客户也忽然没有了订单。他试探着问陆惠芳道：

"厂长，这个情况会不会和曹隆有关？"虽然申茂厂改制后陆惠芳已是董事长，但老职工们仍然习惯地称呼她为"厂长"。

陆惠芳没有回答。在没有摸清情况前，她是不会随便开口的。

"厂长，"销售科长进一步汇报了一些情况，说："今朝一早，科西来电话很急，说：'要你们老板马上来一次！'看来他们只知道曹隆是申茂厂的老板了，今天他们是弄巧成拙，暴露出问题来了。估计接下来他们马上会和曹隆联系的。另外还有一个情况是：装备厂那里的阿香，我几次打电话给她联系业务，她都有些支支吾吾，说厂里正在改制过程，任务不足，等等，推三道四地说暂时没有订单。我怀疑，阿香这个情况也和曹隆有关系！"

陆惠芳微微点了点头。因为，她知道，装备厂的业务关系完全是她亲自移交给曹隆的，装备厂那个自认识后也一直与她以姐妹相称的阿香妹妹，也是她亲自介绍给曹隆的。之后，装备厂的业务联系，她就完全交给曹隆了，自己没有再过问。因此，阿香的支吾、装备厂业务的减少，当然和曹隆有关系，销售科长的猜疑和分析是有一定合理之处的。想到这里，她问销售科长道：

"你看，现在这个局面，我们该如何处理？"

不耻下问，集思广益，遇事多和人商量，这也已成为陆惠芳的习惯了。她在办一件事之前，总要仔细盘划，征求各方意见，一旦决定，她又会雷厉风行。

"马上找曹隆摊牌！"销售科长有点激愤地说。"今朝科西的事，说明他已经露出狐狸尾巴了！"

"勿，"陆惠芳微含笑容，平静地说："再等一等吧！再说，春节就在眼面前了，常言道：'事体再大，也要过年！'让他安安心心过了春节再说吧。"

"厂长，侬就是心善！"销售科长一边驾着车，一边说："这个时候了，你还在为别人考虑！"

春节后第一天上班，陆惠芳把曹隆请到了自己的办公室来。待曹隆坐下后，她开门见山，仍然叫了他一声"大兄弟"，然后简略地询问了他一些他在外面另办公司的事情，最后提出一个建议，道：

"兄弟，我看这样，你的公司也不要办在外面，就办到厂里来，挂在申茂名下，但业务方面和经济核算独立，由你单独处理。"

陆惠芳这样说，是经过考虑的：一方面她还想挽留曹隆继续在厂里工作，因为营销方面曹隆也毕竟积累了经验；另一方面，若能按她的建议实行，既照顾了曹隆的私利，也不会影响厂里的营销业务。前面已经说过，陆惠芳是很清楚地看到了当前的"全民经商"的社会现象的：人人都在想办法赚钱。既然如此，既然曹隆也动了这个心思并已付诸行动，那就顺势而为让他办。只是，她希望曹隆把公司办到厂里来，这样既不分心又能集中精力，不是很好吗？但，曹隆的回答一下子使陆惠芳的心凉了下来：

"大阿姐，"他嘴上还是依然亲热地叫道："把公司办到厂里来，是不可能的，因为这不是我一个人可以决定的。大阿姐，既然现在你也知道了我曹隆办公司的事，我也实不相瞒，今天你找我谈，我也就向侬大阿姐辞职了！"接着他又假惺惺地说："实际上，我、我、我是不想走，舍不得离开侬大阿姐、离开申茂啊！"说着说着他的眼眶里竟滚出几点眼泪来，"还是刚刚那句话，我办的那个公司，不是我一个人说了算啊！"

原来，果然如那天从科西回瓦屑途中销售科长所料，陆惠芳他们一离开，科西的人就给曹隆急忙打电话。总算找到了，科西的人在电话里劈头盖脸就把曹隆骂了一通："你的手机为啥关掉？！你的魂丢到哪里去了？！你……"

曹隆一时语塞。说来难以启口啊：春节长假快临近了，他被那个女相好逼得一步也离不开，要他排一个在春节期间出去旅游的计划。怎么可能呢？他可是一个有家室的人啊。为了抚慰她，昨天他趁在江苏几个业务单位出差之际顺势在私下里办的那个厂子附近与外省市交界处的一个小旅社开了一个房间，与女相好偷情了一宵，当时两人都把手机关掉了。早晨起来后，一时也忘记把手机打开。正是无巧不成书，谁知就在这当儿，科西在四处找他呢。曹隆接听了科西的电话后，知道自己在外办公司的事，陆惠芳是完全知道了。于是，他急忙驱车先送走了相好再赶到科西，了解了陆惠芳到科西的经过以及科西为何急着找他的情况后，就装作平静地一如往常地回到了厂里。他内心虽是惴惴不安的，但他也有恃无恐，因为他私下办这个公司，有几个国企老总在背后撑他的腰。那时候，趁着国企改制之机，有个别国企的厂长或经理，与私营企业老板合谋，将国企的业务量指定投放给该私营企业，暗中返还归他个人所得的利润；还有的国企因产业结构调整等原因而停产解体，企业负责人更把一些固定资产如机器设备等，以极低廉的价格转卖给私营企业，其所折价值又作为自己给该企业的投资入股资产，等等。正是在这样的社会背景下，有些私营企业老板的资产迅速膨胀，完成了他们的原始积累。改革开放以后，在国企改制过程中，国有资产就是通过这样的渠道而大量流失的，同时，也就中饱了国企老总的私囊。今天科西有人找他，正是有人通过科西这个人再辗转向他提供了这样的信息：有一个国企大厂的老总支持他另立山头，并向他许诺，他们厂须用的大批量电磁线材料，将下单给他生产。当然，这个国企某老总所提出的要曹隆给以回报的条件，曹隆也就心知肚明了。正是有了这样的思想准备，曹隆今天向陆惠芳提出辞职，自就有恃无恐。至于说他也有惴惴不安，是因为这个"电话漏洞事件"后，毕竟已临近了春节，"临近年关卷铺盖"，这是自有历史以来老板辞退雇工的惯例，曹隆怕自己也遭到这个"卷铺盖"离开申茂的结果，这就叫他难堪了，因为他是个要面子的人。所以说，春节长假几天在家，他的日子也没有过安稳，至少他发觉了陆惠芳那边的变化：往常节假日，陆惠芳时不时总会给自己打一二次电话，问候问候，说点厂里的事，他知道陆惠芳即使节假日期间也总要到厂里去的。而这次春节假期中，陆惠芳那边没有一点声音。曹隆知道，摊牌的日子临近了。果然，今天春节后上班的第一天，陆惠芳就找上自己了。他的内心深处还在暗暗佩服陆惠芳的气量：没有在春节年关前和自己摊牌，给了自己面子；同时还在挽留自己。面对这样的当家人，再想起自己当年从落魄中被陆惠芳一手拉起来的情景，自己的心思即便再见不得人，终于挤出几点眼泪也是情不由己了。

当下，陆惠芳注视着眼前这个人，忽然发觉他变得白白胖胖了，和几年前在他老家看到的那个面色苍白的人，仿佛判若两人。显然，这几年申茂厂把他养胖了！这时，她才真正地体会到了我们中国人的一句至理名言："路遥知马力，日久见人心！"陆惠芳一边这样在心里感慨着，一边果断地对曹隆说道：

"好吧，大兄弟，我接受你的辞职！你去人事科办手续吧，你在申茂厂的工龄就算到今天。"

曹隆站起身，临走还说了句话，道："大阿姐，我在外面只做铜排，申茂做电磁线，井水不犯河水，两不相干，你放心好了！"

陆惠芳微微含笑，不再应声。实际上，她自去年底大江南北走访用户归来，丈夫顾正生告诉了她这个曹隆在航头另开皮包公司的消息后，在她的布置下，厂里在顾正生的调度下分头从管理、生产、仓储、营销等几个方面作了排查。情况很快就摸清，不仅客户订单有急剧减少，往来也淡了许多；还发觉了一个大问题：仓库里的五十多只模具也不翼而飞了。这个问题自然挂到了仓库管理员身上，进一步联合采购员细查，才发觉采购员从外面买了模具回来送交仓库后，这个管理员竟不作登记不入库房账册。然后再一个一个地，偷出厂外。再一细查，这个管理员的舅舅正好与曹隆是酒肉好朋友。可见，申茂厂的这五十多只失窃的模具，曹隆也有着脱不了的干系。

陆惠芳在同意曹隆辞职后不久，雷厉风行地把仓库管理员等几个与曹隆里应外合做着损害申茂厂利益的人，一一除名，予以辞退了。

这天，陆惠芳独自一人坐在宽大的办公室里，审视着人事科送上来的几个将被辞退的包括曹隆在内的名单时，她禁不住在心里连声感叹着：

"人啊，人！"

十四、从头越，苍山如海

陆惠芳的这一声感慨，充分显示了她在创业道路上，对人的一种新认识。确实，人是复杂的，而人的复杂是因为人心的复杂。人心，果然有着先天的因素，实则上更多的还在于后天的社会环境所使然。"性本善"也好，"性本恶"也罢，在改革开放后，全民经商、物欲横流、拜金主义盛行的年代，在金钱利益的驱动下而出现一些似曹隆之流的人物，又有何足道哉？所以，对曹隆的另立山头、分裂而去，陆惠芳并没有多加在意而使自己费心烦神，就像那个年代曾流行过的一句领袖讲过的那句话："天要落雨，娘要嫁人，随他去吧！"一样，陆惠芳很快地调整好了心情，重新聚精会神地投入到申茂电磁线厂的发展中去。

面对着由于曹隆被除名后而产生的一系列问题，我们又一次看到了陆惠芳作为企业家的果敢决断和雷厉风行。

首先是也是最重要的，是厂里的资金问题。原来，一段时间以来，在曹隆与装备厂采个别干部的配合下，内外勾结，以商业票据的形式作为对申茂电磁线厂应收货款的搪塞应付，暗中却把应付给申茂厂的现金投入到曹隆在外面办的企业中去，为曹隆的公司发展生产所盗用。因为装备厂那边的业务原已转由曹隆联系，所以当曹隆被申茂厂辞退后，申茂厂自然要与装备厂结清收回前面的货款。这时，曹隆通过对装备厂各相关部门的暗箱运作，最后给申茂厂开具了一张商业票据，金额竟高达一千多万元！而这张商业票据还是一张定期票据，到期日为6个月。所谓"商业票据"，是因商品交易而发生的，具有一定格式的书面债据，上面载明一定金额和一定日期，到期日持票人可向发票人或指定付款人支取所载款项。而期票，特别是到期日为6个月，申茂厂拿到这张票据后，不能即时兑现，不能用于生产，无疑是等于拿到了一张空头票据。当财务科长把这张空头商业票据，摆到陆惠芳面前时，她真是气愤了！她在心里连连叹息：人，怎么会变得如此卑鄙？！当然，她面容上没有表现出来，只是平静地问财务科长，道：

"现在厂里的流动资金情况如何？"

财务科长急声道："不行啊，厂长！正急等着要进电解铜，要不上引法（即无氧铜杆）车间就要'断粮'啦！"

正是等米下锅！陆惠芳知道，一旦上引法车间断料停工，很快的连锁反应就是全厂要停产了！这使她顿时又想起，曹隆走后不久在外面同行中放出的狠话来："我叫它申茂厂不出3个月，最多半年，就关门破产！"陆惠芳立时意识到：很显然，眼下自己办公桌面上的这张空头商业票据，是曹隆和他的同伙，对我和申茂厂故意做下的资金链断裂的阴谋，妄图迫使我们停产。"不！你们的阴谋休想得逞！"思维敏捷的陆惠芳，在心里一边这样想着，一边拿起办公桌面上的这张空头商业票据，对财务科长说：

"走，你去拿上伲厂里财务专用的印鉴章和厂里公章，同我一起去惠南那边农行跑一趟。"

很快，陆惠芳和财务科长，驱车来到了惠南镇上的县农业银行。惠南镇

申茂电磁线厂生产车间一角

申茂电磁线厂生产车间一角

是南汇县政府所在地,从瓦屑到那边约有十多公里的路程。是陆惠芳亲自开的车,还在1996年她就已学会驾驶了,但平时她很少自己开车。从瓦屑到惠南很快,十来分钟的路程,趁这短暂的途中时间,财务科长把自己听到的一些关于曹隆的情况,向陆惠芳作了汇报。

在申茂厂,和曹隆一起被辞退的还有文档室等有关科室的职工。正是世

申茂电磁线厂生产车间一角

上没有不透风的墙,从这些跟着曹隆一起跑掉的职工口中,口口相传,申茂厂也有职工听说了曹隆在外面办厂的事:在江苏上海交界处的一个小镇上,曹隆等几个人合伙办了一个也生产电磁线的厂,出面担任厂长经理的正是从装备厂辞职下海的一个干部,此人原来也是与申茂厂有业务往来的人。而那个开具商业票据的装备厂女财务,又恰是此人的亲戚。——这个情况,实际上陆惠芳已从丈夫顾正生那里了解到了。顾正生后来在留心注意检查厂里各部门的异常动态时,通过航头工商所的朋友,也基本上摸清了曹隆在外面开公司办厂的情况。并且,老顾还确知:曹隆那个厂就在生产电磁线,并千方百计地在与申茂厂争抢客户。那天曹隆在陆惠芳面前说什么"我只做铜排,你们做电磁线"云云,完全是说假话。正因为摸清了曹隆的情况,陆惠芳就更是胸有成竹了。

当下,在县农行行长办公室坐定后,陆惠芳将这张空头商业票据递给县农业银行行长看了后,讲了厂里围绕曹隆突然辞职所发生的一些前前后后的

申茂电磁线厂的产品原材料——电解铜

情况,末了她提出申请一笔贷款,以解救厂里的燃眉之急。

行长沉思了一下,先笑道:"陆总,你说这张商业票据是空头,倒也不尽然,因为它还没有到支付期。只有到了支付期,它兑现不了,才能算是空头票据。所以,这张票据还是有效的。"

"但对我们无效啊,"申茂厂的财务科长紧锁眉头说,"等6个月,我们真要吃西北风了!"

行长笑道:"你倒是,'皇帝不急急太监',你看,你们陆总多沉得住气!"他和财务科长本来就熟悉,因笑道:"今天你到惠南镇来,还是老板做你的驾驶员,风风光光,你还急点啥!"

说得三人都笑了起来。

行长又问陆惠芳这次要贷多少款?陆惠芳与财务科长一合计,主要是立即要去购电解铜,说:"三四百万吧。"

行长考虑了一下,鉴于申茂电磁线厂是优级信用单位,就点头道:"好,那就贷给你们四百万,作为短期贷款,解决你们这笔急需的流动资金。不过,陆总,你把这张1000万元的商业票据就留在我们这里吧。"并且,他还建议,若装备厂那边还有应收款,索性再去让他们开具商业票据,为厂里急用流动资金时做准备。所以,后来,申茂电磁线厂让装备厂开具的商业票据,金额一共高达3000万元,后来都抵押给了县农业银行。

陆惠芳笑道:"好呀!"

行长又对申茂厂的财务科长说:"那现在就在这里把一应手续办了吧!我把小李找来!"说着拨打手机找来了信贷员小李。小李是农行与申茂厂对口的信贷员。

在等小李的片刻,行长又问财务科长:"厂里有关的图章带来没有!"

"喏,"财务科长打开拎包,说:"一个不少!陆总早就让我带上了!"

"哈哈,"行长笑道:"你看你看,这就是你们的陆总:事急心不乱,有板有眼,有条有理。在这样的老板下面工作,是福气哩!"

财务科长连连点头。

"行长,你过奖了!"陆惠芳含笑说道:"还是要感谢你们银行的支持啊!"

就这样,申茂厂的资金链在陆惠芳的努力和农行的支持下,非但没有断裂,又继续有效地运转着。并且,陆惠芳没有到此为止,凭借着她的良好人格与信用,她又接着做了一件事:从县农业银行出来,他们没有回瓦屑,而是继续往东南方向开车,到黄路去了。黄路乡那里有一家厂是申茂厂的上游,生产电磁线的原材料铜杆。陆惠芳的申茂厂与该厂有着长期的业务关系,她希望能与他们洽谈一段时期厂里某一个车间(上引法车间)的托管经营业务,为厂里供应铜杆,以缓解必须天天提着现金来买铜杆的状况。所谓托管经营是指出资者或其代表在所有权不变的条件下,以契约形式在一定时期内将企业的法人财产权部分或全部过渡给另一家法人或自然人经营。由于托管这一方式能够在不改变或暂不改变原有产权归属的前提下，直接开展企业的正常运营，从而有效地回避了企业资金链断裂破产、购并中的某些敏感性问题和操作难点。

来到黄路这家铜杆生产厂，当陆惠芳把自己的想法给这家厂的厂长说了后，这个厂长连连摆手，笑道：

"陆总，免了免了，谈啥'托管'！你目前的困难，我也知道了！这样吧：铜杆，我照常供应！货款一个月后再结！行不行？辰光短，周转不够，再可商量！"

陆惠芳道："够了，够了！真要谢谢你了！"

这个厂长接着又宽慰了陆惠芳几句："这种人，"他指的是申茂厂的曹隆，曹隆另立山头的忘恩负义行为就像俗话说的"好事不出门，坏事传千里"早已在行业内流传，为正派的厂长经理们所不齿。"陆总，你不要放在心上！"他继续说道："这种人不要说厂里有，大到政府部门，也是有这种人的，党内都有两条路线的斗争呢！陆总啊，我们还是埋头做自己的事啊！一句话，你的厂不能停下来，我们要对得起党和政府的改革开放政策，对得起父老乡亲啊！"

"谁说不是呢？！"陆惠芳连连点头称是，说道："拿我陆惠芳个人来说，让我现在退休回家也没关系。问题是厂一停，影响的就不是全厂一百七八十个职工，而是一百七八十个家庭啊！这可是几百个人的生计啊！"说着陆惠芳想起，曹隆辞职离去后的第二天，第一个从外单位赶来看望安慰她的正是上海电机厂采购处的朱进根师傅，也正是朱师傅说了上面这句话。这个在上海电机厂干了38年原材料供应工作的老法师，这天特地从上海办事处赶到瓦屑平桥来，握着陆惠芳的双手，用一口家乡话宽慰她，说：

"陆厂长，千万不要泄气，千万不要停下来！要知道，这不是侬一个人的事，而是伲家乡几百个人的大事：伲厂里的一百七八十个职工，就是一百七八十个家庭啊！"

申茂电磁线厂生产车间一角

当时，陆惠芳就被深深地感动了！从朱进根身上，从他为申茂厂引荐给上海电机厂而成为一个供应商，从刚才他说的肺腑之言，陆惠芳深深体会到了我们中华民族的善良淳朴的民俗风情，真是亲不亲家乡人啊！她当时也握着朱进根的手，坚定地说："朱师傅，你放心，我绝不会泄气的，我要把申茂厂办得更好！"……

此刻，面对着黄路乡的这位铜杆厂厂长的宽慰鼓励，陆惠芳又一次深深感动！她再一次表示感谢他的支持，就起身告辞了。这当儿，正是午饭时候，铜杆厂厂长要留陆惠芳两人午餐，陆惠芳领情谢辞了。临别，厂长送陆惠芳到厂门口，还说了句："陆总，有啥困难，尽管来找我！"才拱手告别，目送陆惠芳驾车打道回府。

陆惠芳和财务科长从黄路赶回自己厂里，午饭时间早已过去了。餐厅工作人员正在洗刷碗筷餐具，见厂长他们回来还没有吃午饭，就忙着要给两人炒菜热饭。陆惠芳摆摆手，就着冷菜冷饭草草地吃了午餐。申茂厂的干部们几乎都知道，陆惠芳外出办事，只要能赶回厂里就餐，她在外面是从不轻易上饭店酒家的。

资金危机解决了。陆惠芳却又上路了——她把厂里的事稍作安排，第二天就启程去了南京。她要去走访一下用户，一方面是与用户通报一下厂里的人事变故；另一方面也是要了解一下用户的最新需求，从而为厂里的下一步开拓市场、发展生产摸清情况，订出计划。

陆惠芳先到南京，再到四川绵阳的东方电机厂，继而转飞兰州，最后飞到哈尔滨电机厂。这一转，陆惠芳收获颇丰，不仅与用户达成了新的沟通，他们对申茂厂领导层中的人事变动表示理解，并表示继续支持申茂厂外，特别使陆惠芳振奋的是，在她接受的东方电机厂和哈尔滨电机厂的新产品订单中，使申茂也间接地加入了三峡工程的建设行列中。在成都绵阳，东方电机厂物资供应处派来机场接陆惠芳的干部，还在驱车回厂的一路上，就向她详细地介绍了三峡工程的分期建设情况，其中主要涉及电站设施和发电机组的情况，因这和申茂厂产品电磁线有关。

众所周知，长江三峡水利枢纽，是当今世界上最大的水利枢纽工程。1994年6月，由美国发展理事会（WDC）主持，在西班牙第二大城市巴塞罗那召开的全球超级工程会议上，它被列为全球超级工程之一。放眼世界，从大海深处到茫茫太空，人类征服自然、改造自然的壮举中有许多规模宏大技术高超的工程杰作。三峡工程在工程规模、科学技术和综合利用效益等许多方面都堪为世界级工程的前列。它不仅将为我国带来巨大的经济效益，还将为世界水利水电技术和有关科技的发展作出有益的贡献。

也正因为三峡是一个巨大的水资源宝库，它的开发对国家的建设具有重大的战略意义，所以从孙中山到毛泽东、周恩来、邓小平和江泽民，凡是涉及长江治理开发和我国经济建设问题时，都对三峡工程表现了浓厚的兴趣，给予积极支持。

最后，这位东方电机厂的物资供应处干部对陆惠芳说："我们东方电机厂现在承担的电机制造任务，就属于三峡的三期工程。你这次来得正好！希望我们更好地协作，共同为三峡工程的建设出力作贡献！"

"好啊好啊！"陆惠芳连连点头。

接着到了哈尔滨电机厂，陆惠芳也同样地接到了和三峡工程电站建设的相关业务。在从哈尔滨机场飞返上海的空中，正是下午。从飞机舷窗望出去，茫茫云海波澜壮阔地在机翼下涌动，西斜太阳为它们涂上了万千道闪闪金光，宛如波涛涌动无垠的大海，壮丽无比。陆惠芳的心情被这壮观的景象强烈地震撼了！她坐在靠背椅上轻轻地抚摸着装在手提包里的东方电机厂和哈尔滨电机厂让她带回上海的电磁线新产品要求的样品、图纸等资料，在心里下了决心：一回厂，立即进行技术改造，保质保量地做好电磁线的生产和供应工作，配合他们，为三峡工程作出伲申茂厂应有的贡献。

申茂厂的职工们这时候正翘首盼望着陆惠芳归来，经历这次厂领导层的变故，使全厂职工更切身感到：大家离不开这样好的当家人！一见陆惠芳回来，大伙又高兴又心疼：高兴的是自己的好当家人回来了；心疼的是，才一个礼拜的时间不见吧，只见陆惠芳人瘦了一圈。但总的是高兴！因为大伙见到，当家人虽然人瘦了些，肤色又黑了些，但精神却比出差前好得多，双目炯炯，神采焕发。职工们敏感地意识到，我们的当家人，对申茂厂的发展，一定又有大动作了！

果不其然，在接连三天，分别开了股东董事会、中层干部会和全厂职工大会等一系列会议后，陆惠芳开始大手笔行动了：

她在全厂职工大会上宣布，立即开展新一轮技术改造，而这次的重点是新建一个面积达4000平方米的特大型车间。这是陆惠芳从东方电机厂等处

申茂电磁线厂新建成的4000平方米大型车间

带回将为三峡工程提供服务的电磁线样品,在和厂里总工程师、技术部门开会研究后,作出的决定:要承接如三峡工程这样的国家大项目,申茂电磁线厂必须真正地大规模地扩大生产能力,提高并确保产品的高质量,才能适应国家级建设工程的需要,使申茂电磁线厂的发展更上一层楼,打开申茂厂发展的广阔前景。

当陆惠芳把这个新建大车间的决定,和间接为三峡工程提供产品服务的消息告诉全体职工时,群情沸腾,会场上响起经久不息的热烈掌声!大家的一颗久悬着的心终于放下来了,掌声中表达了一个心声:倪当家人,从事件的阴影中走了出来,又开始像以往一样,要带领大家创大业,使申茂厂的"鸽翔牌"电磁线产品在祖国辽阔的蓝天上,更高更远地飞翔了!

面对着全体职工的热烈掌声，陆惠芳也从中体会到了职工们的心声，而不禁热泪盈眶！就在这个会上，她也第一次说出了自己的心声和誓言：

"同志们，三峡工程不仅是国家级大型工程，也是世界超级工程之一。借这个为三峡工程提供间接产品、做好服务的东风，倪申茂厂的发展目标是：'中国第一，世界一流！'让我们团结起来，齐心协力，为实现这个目标而一步一个脚印地好好工作好好劳动！而我陆惠芳，保证与大家一样，日日夜夜一年365天，永远奋斗在一起！"

当家人的誓言和表态，再一次激发起全体职工的雷鸣般掌声。陆惠芳董事长也是说出了大伙的心里话啊！

4000平方米的大车间选址在办公大楼的西侧，紧靠一条小河。这是按国家征地的有关政策法规，逐级向平桥村委会征用并经县土地规划局批准的集体土地。

有了用地，再筹措资金：除了部分自筹外，凭着申茂厂信用的优良等级和陆惠芳个人的优秀的诚信品行，再一次获得了相关银行的支持。

一个崭新高大宽敞明亮的现代化大车间，很快地在平桥村绿色葱茏的田野上盖起来了，它和东边的原具有中国民族风格的有飞檐琉瓦的办公大楼，交相辉映，构成了贯串瓦屑乡土的南汇周祝公路边上的又一道靓丽的建筑景观。

按照市场需要，在陆惠芳的亲自主持下，由总工程师领衔，由技术部门和设备部门自行设计了生产设备，有的委托外单位制造，有的自行制造，也很快就按照客户订单，在新建车间安装试车后开始生产了。

这时，盛夏来临了，寒冬似乎已经遥远。申茂厂的生产又热气腾腾地展开了。在这中间，陆惠芳还果断地做了一件事：把大女婿王新国调了过来，担任了营销厂长的关键职务。王新国在瓦屑镇陆弄村担任党支部书记，因妻子

王新国总经理

与岳母的关系，本来对申茂厂的情况有所了解，某些部门也较熟悉。他是在曹隆被除名后立即被陆惠芳调任过来的。王新国年轻有为，精力充沛，配合岳母陆惠芳大江南北走访用户，不仅维系了老客户，还开拓了新市场。现在，王新国已担任了上海申茂电磁线有限公司总经理。在陆惠芳、王新国和销售科同志们的共同努力下，电磁线产品订单又陆续多起来了。在新拓展的客户中，申茂厂产品进一步跻身于铁道部领域（原来已向铁道部所属的山西永济电机厂供货），其中位于湖南的株洲电力机车厂就开始委托申茂厂加工初级产品绕线圈，此后每月的要货量一直保持在8吨至10吨之间，成为株洲电力机厂的定点供应商。

尤为令人可喜的是，改革开放以来进入中国的外资企业，经过一个阶段的发展，在为东道国的本土化发展中，也开始在中国本土寻觅为他们产品配套的零部件生产厂家。上海申茂电磁线厂以他们的多规格高质量的电磁线产品，从2004年起被生产制造相关产品的外资企业所看中，第一个来申茂厂考察的

陆惠芳与宋安陪同外商（左二）考察生产现场

是西门子公司。

西门子是德国的一家大型跨国公司，它的产品几乎囊括了电子电器行业的大部分产品，大到高速铁路的牵引电机，小至家用洗衣机等等。当时来申茂电磁线厂考察时，是西门子的产品之一高压电机需要用到电磁线。

一开始，陆惠芳与德国西门子的上海公司接触，是西门子方面带来的翻译。对方的考察是相当严格而又细致的，从管理、质量、职工素质直到环境保护，等等。考察时间，前前后后竟达一年半之久。陆惠芳在这期间，感到了与外商在语言沟通上的不方便。并且，她在接触中还发觉外商最注重的是既懂技术又娴熟外语的人才。于是，陆惠芳按照西门子考察时提出的整改要求，让各相关部门在各方面做好积极准备的同时，她又作出了一个决定：召回正在澳大利亚攻读电气及计算机系统工程硕士学位的宋安。

此时，去出国已近两年的宋安，也正好毕业了，他于2005年3月底回到上海，4月1日即正式上班，来到了陆惠芳面前。

"陆总，"朝气勃勃的宋安，尊敬而又亲切地叫了一声陆惠芳，说道："我今天正式向您报到来了！"

"来，来，快坐下！"陆惠芳忙让宋安坐在自己面前，又亲自为他沏了一杯香茗，笑道："你在家也该休息两天，时差怕还没有恢复过来吧！"她心里非常喜欢这个小伙子，从大洋彼岸飞回来，不顾旅途劳顿，不待时差恢复，就报到上班来了。这正是她心里喜欢的敬业之人！她决定要委以他重任。

"恢复了！"宋安仍是神情勃发地说道："我想快点为陆总为申茂厂做些事！"还在两年多的他出国之前，他被请来在厂里检修那台进口设备时，就曾听说了申茂厂一个副职领导另立山头差点使申茂陷入困境、而在陆总力挽狂澜下又重振雄风大踏步发展的故事，他从心里敬佩陆惠芳！而这次从陆惠芳召他回国的越洋电话中，他又得知这两年来申茂厂的变化并已与闻名全球的西门子公司有了接触时，就更加振奋了！他自信地感觉到，他的用武之地已经展现在眼面前了。

真是心有灵犀一点通，陆惠芳开口就给了宋安一个极大的惊喜和鼓励：

"小宋啊，从今天起，你就全权负责与外资企业的业务洽谈，并作为我的助理和代表，开展工作。"

陆惠芳慧眼识人才，从送宋安出国深造，到宋安回厂委他以重任，在这里并随着故事的发展，将让我们又一次领略到她作为一个企业家的风采！

十五、魅力与魄力

宋安是2005年4月1日正式来申茂厂报到上班的。从这一天起,直到现在,宋安作为陆惠芳的助理和代表,参与了与所有来厂外商的业务洽谈。因此,可以说,宋安是陆惠芳带领申茂厂走出国门、走向世界的第一见证人,当然同时也是亲历者。陆惠芳如何与外商打交道?她以怎样的魅力,赢得了众多外商其中甚至有世界500强著名企业的青睐?她又是以怎样的魄力,引领着这个一度只是村办乡管的小企业,一步一步地走出国门,在向着世界一流的电磁线企业攀登?应该说,宋安是最有发言权的。

说来也奇。不管前面提到的王倩也好,还是现在的"海归"宋安也好,照说和陆惠芳是两代人了,用现今的流行语来说他们中间应会有代沟。然而,他们和陆惠芳之间非但没有代沟,相反还很融洽,并且都是十分敬佩陆惠芳。按理说,也是社会发展规律吧,从来都是长江后浪推前浪,今人超古人,年轻人的思想、行为都是超前的先进的创新的,落伍的总是年长一辈的人。而所谓的"代沟"也就是这样产生的。那么,他们与陆惠芳之间怎么会没有代沟呢?显然,这与陆惠芳的积极进取的人生观有关。

我国改革开放后进入新时期以来，曾产生了一个新词组或所谓的一句流行语：与时俱进。这四字，十分精辟而又科学地表达了社会发展的客观规律，和作为社会主体的人应具有的正确的人生态度。正是这个人生态度，陆惠芳的奋斗历程与之不谋而合，从而使她自己在为之而努力开创的事业中，始终保持着与时俱进的矫健步伐！陆惠芳之所以与宋安、王倩等年轻一代没有代沟，之所以能获得他们的尊敬和钦佩，其奥秘就在这里。

让我们从陆惠芳在宋安的协助下，如何走进世界500强的西门子公司开始，再一次领略陆惠芳长袖善舞的女企业家风采吧。

外商要你的产品，从最初接触开始，直到下订单为他们正式生产，期间的流程是相当长的。首先是对你厂的考察，这个考察是全方位的，从生产规模、企业环境、设备、职工素质、产品质量及其控制、工艺技术流程、产品性价比等等细节，光花在前期谈判上的时间，长的就可以达到一二年。我国改革开放后，特别是新千年伊始，外企开始陆续登陆中国，他们既然在中国投资建厂，为了降低成本和本土化（当然也有东道国这一边各方面的因素），他们自然要在中国找供应商。尤其对世界500强企业来说，对供应商的要求更高更严格。西门子就是一例。而从空间上来说，也加长了这个谈判时间的长度：与外商经过谈判达成初步意向后，按照外商送来的技术图样，先做成小样品给他们，他们要拿到国外的总部去检测；反馈回厂，改进后再送样，直到能小批量生产；而在小批量生产过程中，若碰到问题，外商还要再过来，亲临现场指导改进。而以上这些活动，都是要经过国内外的几次来回，周期之长也是很自然的。与外商打交道，厂里有的干部就有些不耐烦了："与其这样，还不如多发展几家国内用户。""只要达到同样的利润增长点，国内国外不都一样！"这是一些干部的活思想。有的甚至说："外商对质量的要求之高，几近吹毛求疵了！"等等。

上海申茂电磁线厂总
工程师刘明福

　　面对这些活思想，陆惠芳总是耐心细致地做工作。她对伙伴们说，我们申茂厂要保持良好的发展态势，就必须走出国门，走进著名的外资企业中去。她在一次干部会议上说道：

　　"我们走进外企，并不仅仅是为了利润增长点，而是有着各方面的需要。这是因为，无论如何，在我们为之供应服务的这个电力设备制造行业中，世界上的一些著名企业的产品就比我国的先进。因此，我们若能走进世界上这些著名的外企，我们将能从他们那里学到很多东西，包括管理、技术和质量。别的不说，就说质量吧，有人说他们吹毛求疵，在我看来，正是我们的可取之处：他们对产品一个疵点都不放过，恰恰能促进我们的质量管理，同时也将提高我们生产线上职工的技术水平。所以，我希望我们全厂职工，都要从这个高度去看待我们申茂厂的发展前景！"

　　陆惠芳的一席话，说得大伙心服口服。坐在会议室里一起开会的宋安，更是在心里连连点头称是：对当时申茂电磁线厂的这个唯一的"海归"来说，

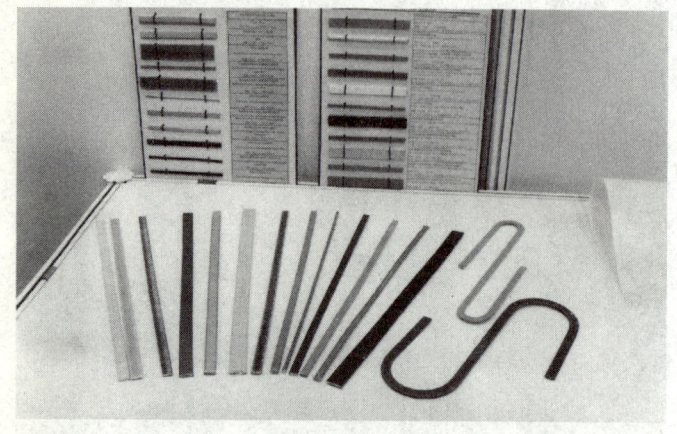

上海申茂电磁线厂生产的部分电磁线样品

他在澳大利亚攻读硕士学位时,不论在学校还是去当地企业实习,他都是亲身体会到这方面的先进性和科学性的。听到陆总有着这样高瞻远瞩的眼光,宋安在心里又一次对陆惠芳产生了敬佩之情。

后来,在为西门子生产的产品时,果然在质量上发生了一次问题,铜线在退火时被粘在一起了,且还是大面积的。事故发生后,陆惠芳不仅当即亲临现场处理,并且不是就事论事,还进一步从上道工序找问题,最后以此事件为契机,发动全厂从技术设计、设备到生产第一线,作质量排查,求得进一步的改进和提高。

这次事故是因为拉线太紧而造成了粘连。问题解决后,再在全厂上下各道工序改进质量的努力中,这批为西门子提供的电磁线产品,在质量上达到了申茂电磁线厂自生产电磁线以来的一个新的高度,并超出了西门子在下订单时要求的标准,从而获得了西门子方面的称赞。

承认差距,不是坏事,而是好事,这对一个有着进取心的企业家来说尤

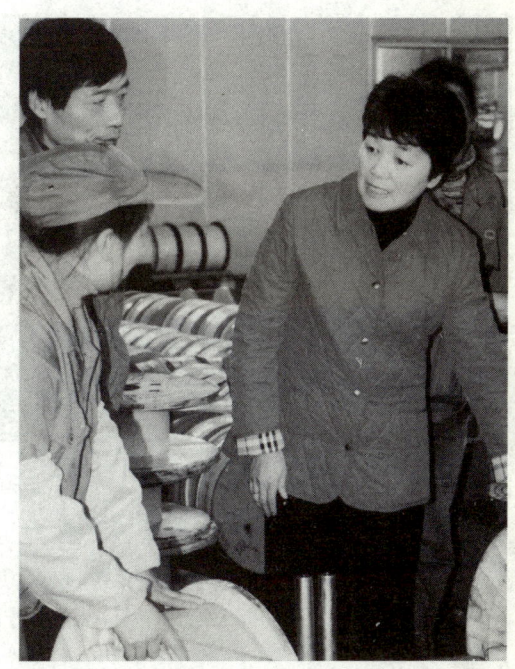

陆惠芳在生产现场

应如此看待。陆惠芳就是这样一个女企业家,还在办食用菌厂时就多次显示了她的这个思维特点。比如,当时去书院乡学习、追赶书院乡而成为食用菌生产上"南汇县西北角的一颗明珠"就是一例。而现在生产电磁线了,就更需要有这样的思想境界:因为,比起食用菌来,电磁线不仅是真正的工业产品,它的技术含量也是相当高的。这就需要找到自己产品与世界先进水平的差距,从而去学习、去钻研,在学习和钻研中缩短这个差距,在追赶世界先进水平中达到乃至能超过这个水平。"何况",有一次陆惠芳在与宋安等几个厂里骨干谈心时,说道:"你们看,来伲厂的外商,特别是来提问题的,'打破沙锅问到底的',最后认可的,几乎个个都是世界上搞绝缘这个行当的博士或老专

瑞士ABB公司代表把"2007年度最佳供应商"证书授予陆惠芳和她的上海申茂电磁线厂

家,我们要承认与他们的差距,要抓住业务接触和交流的机会,好好地向他们学习啊!"

陆惠芳不仅这样语重心长地要求她的伙伴们,自己更是身先士卒做有心人,在与外商的这些博士和绝缘技术专家的交流中,汲取养料,提高自己。

功夫不负有心人,在与又一家外商的打交道中,显示了陆惠芳又一个惊人之举。外企进入中国之后,经过一段时期的生产经营,当他们把物资采购与供应商的目光由国外转向国内时,我们国内的一些厂家为了争得供应商的资格,对外商的一切几乎都是来者不拒,全盘接受。这一天,经过事先约定,生产变压器的瑞士ABB公司来到了申茂电磁线厂。代表ABB公司来厂洽谈业务的是两个芬兰人,在陆惠芳董事长和厂长助理兼翻译宋安的陪同下,参观了厂区、车间、生产线后回到陆总的宽大办公室,在套间的会客室坐定后,略作寒暄,陆惠芳从自己的办公桌上拿过ABB公司提供的产品样品,直率地向客户提出了疑问,说道:

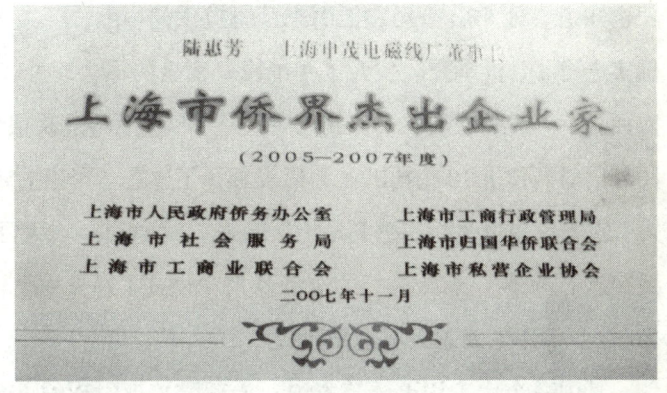

2007年11月,陆惠芳被上海市人民政府侨务办公室等单位,授予"上海市侨界杰出企业家(2005—2007年度)"称号

陆惠芳请外商品尝食堂烹制的绿色农家饭

"经过我们厂技术人员的分析研究,发觉贵公司的这个规格产品,在绝缘的厚度方面还有值得研讨改进的地方。"

陆惠芳是面含笑容说的,语气也很婉和,但一旁的宋安听了却在心里大吃一惊。原来,这两个业务代表之前已来过申茂厂数次,所有的考察几乎都已通过,今天他们是来作最后敲定,回公司去后就要正式下订单了。当然,宋安也知道，对ABB公司在上次来厂时提供的样品，厂总工程师和技术人员也确实进行了分析研究，发觉了在绝缘厚度上的不合理处，此刻陆总说的也是实话。——这些想法在宋安脑海中只是一闪念，他还是很快地把陆总的疑问，用英语对两位ABB公司的业务代表翻译了过去。译出去后，望着这两位芬兰人，宋安紧张得手心都感到沁出汗珠来了，他担心：煮熟了的鸭子又要飞掉！要知道，与瑞士ABB公司的业务谈判，也花了好长一段时间、花费了很多精力和投入啊！宋安怎么不紧张呢？！

其中一个代表用英语笑着说，希望陆总把发现的不合理之处给予指点。听了宋安的翻译后，陆总就对宋安说："小宋，你就直接给他们讲吧！"原来，对ABB公司提供的样品进行分析研究时，宋安也是一起参加的。听了陆总的话，宋安就把厂技术部门对ABB公司样品的几点不合理部分的意见，用英语向两位业务代表作了表达。

还是这个代表笑着点头说："好，陆惠芳董事长，我们回公司后一定认真研究你们的意见。"说着准备起身告辞。

陆惠芳抬手见手表，正到了午餐时间，就作出邀请，一起在餐厅午餐。这两个人用宋安都听不懂的外语作了几句交谈后，那个一直说话的业务代表就笑着点头答应了。

是一顿真正的农家饭，端上桌的菜肴，都是申茂厂后勤部门自己种植的蔬菜和养殖的猪肉、鸡鸭等。在餐桌上，陆惠芳还请了厂总工程师和技术部门的干部一起作陪。洁净清爽的绿色的中国农家饭，使两位外商客人吃得很愉快。席间，陆惠芳与他们谈笑风生，虽然一直要通过宋安翻译，却也显得十分融洽。只是，宋安在心里却一直是惴惴不安的：怎么一直不见他们下订单呢？！

直到这两位ABB公司代表离厂，也没听到他们提订单的事。只是那个讲话的代表临别握着陆惠芳的手时说道：

"谢谢您，谢谢您！为我们公司产品提出的宝贵意见！"

还有一个没有开过口说话的代表，笑着补充说道：

"这几天，我们在贵国还要走访几家企业。但请您相信，我们的合作无论是否成功，我们都会及时给你们回音的！"

当宋安把这段话翻译给陆惠芳时，陆惠芳连连点头，大方地笑说道："我们中国人有一句老话，叫做：'一回生，二回熟'，何况我们已经见过多次，我们已经是老朋友了！即使业务上没有合作，我们也是好朋友！欢迎你们经常光临我厂指导、帮助！"

听了宋安的译述，两位芬兰人向陆惠芳连声说："OK！OK！"显得十分高兴。

然而，宋安的心却被悬起来了。大约一个月后，惴惴不安的宋安接到了那个一直说话的代表从瑞典打来的国际长途电话，给申茂厂下达了订单，并约定了正式签约的时间和地点，这时，宋安的心才放下来了。

事后，宋安还在同行业中听到一则传闻：ABB这两个业务代表，离开申茂厂后还去了另一家生产电磁线的同行业厂家。那家厂的厂长和技术部门，对ABB的所有要求全部接受，并且没有一点疑义之处。同时，该厂还在一家上海名酒楼订好了一桌丰盛高档的宴席。结果是，这两个芬兰人，连饭都没吃就走了，当然更不用提订单了。

后来，当宋安和这两位芬兰人因业务关系经常往来而成为好朋友时，他曾把搁在心里的这个疑虑提出来过：为什么人家完全接受你们的样品要求，你们反而不与他们合作呢？！

那个说话不多的芬兰人，笑着说："密斯脱宋，没有问题就是大问题！"

"此话怎讲？！"宋安还有些不理解。

"有问题就去解决问题!"ABB业务代表简洁而又精辟地说:"解决问题就是提高技术水平!也就提高了我们产品的质量。"

宋安明白了:瑞士ABB公司当然也追求利润,但更重要的是,他们还是在追求科学技术,在用心发展科学技术。而另一家厂,在ABB业务代表的眼睛里看来,显然他们仅仅是为了追逐企业的利润,仅此而已。后来,当宋安把这个传闻和ABB公司业务代表的解释,转述给陆惠芳听时,陆惠芳微微一笑道:

"小宋啊,在我看来,还不止于此!从更深一层来说,这又一次关系到诚信这个大问题。诚信诚信,不仅是言必信,还有行必果。我们办企业,绝不是只为了利润,而是对己对人都要负起责任:正确的接受,错误的拒绝,不足的补充,缺陷的改正。以诚待人,以信处事,从而达到双赢,这才是我们办企业的正道,也是我们做人的正道啊!你说呢?小宋!"

宋安一边听一边连连点头称是。是的,办企业为了什么?宋安从外商那里,从陆惠芳这里,理解得越来越深刻了:企业当然要追求利润,同时也要为了科学技术的发展,而归根结底,是为了推动社会发展,造福人类啊!

受过高等教育的宋安,本来就知道发展科学技术与造福人类社会之间的关系。现在,跟着陆惠芳在向世界著名企业进军的实践中,他体会更深刻了。并且,他还感受到,没有受过高等教育的陆惠芳董事长,在处理这样一个巨大的哲学命题时,竟会如此得心应手:发展科学技术与造福人类社会,是手段与目的的关系,没有了手段,也就达不到目的。还是从与外商的打交道中,让我们继续来看看陆惠芳的行事风格吧。

这里要说的是庞巴迪。庞巴迪是加拿大的一家电气设备制造厂,主打产品之一的牵引电机生产基地设在欧洲,中国改革开放后,他们在中国常州建厂生产大功率牵引机,主要用在机车车辆即俗称的火车头上。之所以设在常州,是因为那里的戚墅堰，正是我国铁路机车车辆制造厂的大型基地之一。申茂电磁线厂的电磁线，就是供应给庞巴迪，用在牵引机上的。

合作开始不久，申茂电磁线厂就遭到了庞巴迪的大批量退货。退货原因是：凸包比例竟高达53％！这顿时引起了全厂震动！陆惠芳立即亲临生产第一线，原因很快找到了：设备陈旧老化了。由于机器老化，在生产过程中，当电磁线一层一层叠上去时，造成了深浅不均匀，致使形成了凸包状态。

应该说，这起质量事故是严重的。陆惠芳立即召集了全厂中层干部会议。她在会上说，这样的质量，一旦用到终端——铁路客运列车的行驶中，那可是成百上千人命关天的大事啊！她在会上果断地宣布：立即解决设备问题。幸好，庞巴迪的这批订单，对方是提早了很多时间下达的，是作为备货用的，这就给申茂厂作挽救预留了时间。会上，陆总让宋安通知庞巴迪：申茂厂决心在最短时间内生产出符合庞巴迪质量要求的产品。

这个会一直开到晚上。本来有干部担心这批退货不仅造成了厂里巨大的经济损失，而且庞巴迪由此会退出合作，重找供应商了。现在见陆惠芳在会上迅速作出的几点决定，又重新树起了信心。

第二天，陆惠芳亲自挂帅，会同设备科成立了设备攻关制造小组，开始了连续作战。对设备制造，陆惠芳历来主张自力更生的原则：自己动手制造。从办厂初期开始，直到今天这个规模，你走进申茂厂庞大的绕包车间，那一台一台似长龙般的绕包机，都是申茂厂设备科自己制造的。当然，中间也有一二台购进的设备，但都是二手货，并且买进来还是为了分析研究它，一边让它运转，一边作为制造新设备的参考样机。陆惠芳是个精打细算的企业家，她曾在一次厂领导班子会上就设备改造问题阐述过她的想法。她说："一是用进口设备，那生产出来的产品质量自然好，但我们用不起！即使用得起，我们也不能用。大家都知道，购一台进口设备的价钱等同于我们造一个车间！

二是购买国内设备，但技术水平差，质量无保障。三是与人家合造，以后又可能会发生技术上的知识产权问题。所以，我想来想去，还是不能丢掉我们办厂开始时的好传统：自己动手造设备！"

为庞巴迪这次退货事件而引发的设备大更新，在陆惠芳的带领下，在申茂厂热火朝天地展开了。

夜以继日，精益求精，全心协力，很快，在经过新设备的生产制造后，这批金光闪闪的优质电磁线送到了庞巴迪手中，受到了庞巴迪的欢迎和赞赏。由此，庞巴迪已将申茂电磁线厂定为主要供应商，年订单达到四百多吨。笔者采访宋安时的2009年6月份，据宋安告知，庞巴迪2010年的要货量也已与申茂厂签下了订单。

宋安自豪地告诉笔者，目前为止，与申茂厂达成供货合同，建立了紧密的合作关系的有西门子、法国的阿尔斯通、瑞典的ABB公司、加拿大的庞巴迪，等等。"而他们"，宋安笑着说，"在电气制造行业上，都是世界上的佼佼者！"

现在，申茂电磁线厂的年生产量，已达一万多吨，在国内外还供不应求，国外约占四分之一强。一次，杜邦集团负责绝缘技术的全球董事长，慕名来申茂厂考察欲建立合作关系时，曾说出了他的调查结论：目前，世界80%的电磁线市场，已被中国上海申茂电磁线厂所占领。那也是在考察后的厂里吃农家饭的午餐上说的，说着他还举杯向陆惠芳敬酒说道：

"Successful Woman, amazing！"

宋安笑着给陆惠芳翻译道：

"他说，你是一个成功女士，了不起！"

十六、当家人

从农家女走出来的陆惠芳，始终保持着对土地的热爱，对土地的情有独钟。凡是来上海申茂电磁线厂的人，包括上自各级领导，联系洽谈业务的中外客户，因公来厂的有关方面人员，下至来厂拜访或参观取经的各界朋友，离开的时候都有一个突出的印象被留在记忆中：那就是陆惠芳对土地的利用。

还在建厂初期，也即在食用菌厂的基础上小打小闹用第一台拉丝机拉园线开始，对场地的利用就已是"寸土必争"。及至1998年新盖了办公楼和厂房，那时办公楼西边的大车间还没有建，就在北边后面剩下的一小块地上，也被陆惠芳用来盖了间简易猪棚，种植了一些蔬菜。等到西边面积达4000平方米的两层楼大车间盖起来后，生产规模扩大，职工增加至近200人，后勤供应这一块原来的基地就不够了。陆惠芳当机立断，在厂房小河东面一侧，向村里的农户租借了8亩他们的承包地，其中7亩地种各样蔬菜，1亩地上盖猪棚鸡舍等，用来养猪养鸡养鸭等家禽。用厂里负责后勤的陆惠仙的话来说："开始就养两三头猪，现在（2009年底）就达到了54头猪，已可保证全厂全年的肉食需求；食堂烧饭也是，开始连我一起就只有2个人，烧给三十多个人吃，现

申茂电磁线厂的宣传栏

在灶头上就有6个师傅，供应四百多个职工吃饭，分三批就餐……"从陆惠仙讲话简单的数字里，就已经可以看出上海申茂电磁线厂的发展轨迹了。

陆惠仙还清晰地记得：那天，在向紧邻厂区的村民租用了他们8亩的承包地后，在实地察看作规划时，陆惠芳用手比划着对自己讲的那句话："惠仙，这南边盖两间猪棚，养养猪蛮好！"

就这句听起来普普通通的家常话，却蕴涵着一个好当家人的精打细算啊。

那天边看边规划，陆惠芳听着妹妹的安排：这里种什么什么蔬菜，那边

暑令佳肴：咸肉冬瓜汤

申茂电磁线厂——在小河嬉水的鸭子

盖鸡舍鸭舍，小河里白天正好让鸭子去凫水，等等等等，这样那样。陆惠芳心里十分高兴，看到妹妹惠仙这几年，随着企业的发展，在交给她自己分管的后勤保障工作的实践中也在成长起来了。陆惠芳觉得，妹妹还应该进一步提高，她从妹妹担负的实际职务出发，想了想，就对陆惠仙说道：

"惠仙，你去学习一下烹饪手艺，找个正规培训单位，去考个证书出来。"

这就是后来陆惠仙去南汇县乡镇工业局开设的烹饪技艺班报名学习，并考取了三级厨师证书的由来。那时候乡镇企业正方兴未艾，规模日长夜大，为使乡镇企业的后勤工作能适应企业的发展形势，县乡镇工业局开设了各种形式的培训班，烹饪技艺就是其中一项。陆惠仙就是参加了这个班学习的。这件事，朴实无华的陆惠仙没有挂在嘴上，笔者采访她的时候，她提也没提，还是后来陆惠芳董事长向笔者介绍的。正因为有了这个学习，上海申茂电磁线厂的职工食堂也搞得红红火火，如同厂里的生产形势一样。本书上面曾经提到的，厂里在招待来厂客户或领导、朋友时的农家菜宴，曾连连获得好评，即便是食堂向全厂职工供应的菜肴，也多种多样，色、香、味、形俱全，特别是蔬菜，不仅按时令变化，而且新鲜——几乎都是当时菜地上的职工在自己7亩地的田头上采摘下来，转眼送到了食堂，由师傅们洗净后，现炒出来给职工们吃的。荤菜更是具有强烈的农家香味：冬令季节供应的猪肉是用稻草扎起来一大块一大块红烧扎肉，糯嫩喷香，可口暖胃；到了盛夏时分，自己腌制的咸猪肉，切成一大块一大块，衬上缸豆或黄瓜等绿色菜蔬，加上一碗冬瓜汤，职工们吃了补充了体内的盐分，消暑解渴，精神为之一振，午餐后又精力充沛地投入到生产劳动中去。当然，菜谱并不仅是猪肉，鸡鸭鱼蛋，品种多样，丰富可口，这里就不一一枚举了。

这样的食堂，怎么不叫职工们喜欢，点头称赞呢？！

从开始时对厂区一寸一分的土地利用，几乎有些像工厂对生产原料剩余下来的边角料利用一样，直到有计划地租用近邻村民的承包地辟为专门的蔬菜种植地和猪鸡鸭的饲养场，我们既看到了陆惠芳作为一个企业家全面管理的才华，又看到了她出身农家的鲜明特点，两者结合，形成了陆惠芳在筹划企业长远发展时的远见卓识。上海申茂电磁线厂（自2010年9月1日起已正式改名为上海申茂电磁线有限公司），在陆惠芳董事长自己动手办好后勤保障工作的思想指导下，食堂供应不仅保障了职工们的身体健康，也使职工们吃得满意，从而为厂里生产的发展起到了不可小视的作用。

特别值得一提的是，从2003年春天开始在我国大地上发生的一场"非典"开始，以及后来发生几次的禽流感，申茂电磁线厂的后勤这一块都没有受到任何影响，而平安无虞。他们虽然也养鸡养鸭，还养猪，他们的饲养方法却与目前现代化的方法不同：既科学又传统。说科学，他们的清洁卫生搞得好，从职工个人卫生，到场地环境包括猪圈鸡舍，都清清爽爽，对鸡鸭猪等的排泄物都是随时清洗处理，去参观猪圈鸡舍时可以说闻不到异味；说传统，他们摒弃化肥，从食堂每天的泔脚开始，到喂猪的饲养（加上米糠）、猪粪、到给蔬菜施粪，用的全都是有机肥料。加上他们这块自成一隅的社会闲散人员很难进入的8亩后勤供应保障基地，自然而然，在社会上某些禽流感发生的时候，他们就能独善其身了。

同时，陆惠芳的这个自己动手办后勤，不仅为全厂职工在用餐卫生上提供了可靠安全的保障，也在相当程度上减少了招待客户和各方来宾的交际消费，从而间接地降低了支出费用，为全厂的降本增效作出了贡献。

不仅如此，逢年过节，在人情往来上特别是在与客户的迎送和走访时，还能送上一份由申茂电磁线厂后勤部门提供的自养自产自制的副食品乃至各种时令蔬菜，正应了中国的俗语：礼轻情意重，加深了与客户的关系，受到了客户宾朋的欢迎。可以说，客户宾朋，其中特别是当地和上海地区的，来申茂厂联系业务后离去时，没有一个不是满载而归的：各色的时令蔬菜，各种农副产品，装满了大包小包。

上海申茂电磁线厂当家人陆惠芳的热情好客，真诚待人，由此可见一斑。

正所谓"一个好汉三个帮"！陆惠芳从自己个人成长和兴办企业的实践中，

申茂电磁线厂荣获的奖状之一

也深深体会到,离开了上级领导的支持,离开了各方朋友的帮助,离开了全体职工们的努力,是什么事也办不成的。陆惠芳在全身心扑在生产和发展电磁线的事业中,以农家女的特点,时时不忘并自己动手办好蔬菜种植与家禽的饲养,也正是怀着一种对宾朋好友要给予回报的心意吧。每当宾朋好友离厂时,面对着一份份陆惠芳董事长馈赠的申茂厂出产的"礼品",除了欣喜,就是一致的惊叹:

"这可是真正的绿色环保食品啊!"

刚开始那一阵,社会上还没有出现"绿色环保"这个词组。陆惠芳总是笑着对客人们说:"这是伲自己种的菜,不用农药的,带点回去,尝尝新鲜!"客人们也欣然接受,因为这比起自己在城里的农贸市场上买的菜要新鲜得多,并且还没有农药的染污。而如今,在全世界都在风行绿色环保食品的时代,申茂电磁线厂的后勤副业,更受到了来厂客人和宾朋好友们的欢迎。凡是到了午餐时刻,即使再尊贵的客人,都会谢绝陆惠芳欲去外面豪华酒店的宴请,而要在申茂厂食堂吃真正的绿色食品,品尝"货真价实"的农家饭!常来常往的客户友人，有时还会毫不生疏地自己指点菜谱：红烧肉，锅巴菜饭。这一肉一菜饭，已经成了上海申茂电磁线厂食堂的招牌套餐，凡来厂客人，无一不品尝，无人不喜欢的。有一次一位外国客人，午餐时吃到咸肉锅巴菜饭时，连声"very good very good！"点头称好，还特意让宋安给大家翻译道："这是他生平第一次尝到中国还有这样美妙的主食！"说得在座就餐的人都笑了起来。

可以说，陆惠芳这个当家人是成功的，更是出类拔萃的。她的成功和出类拔萃，不仅表现在她为之而奋斗的一系列事业中：办大队中心场养兔子成为全公社的表率；栽培食用菌成为南汇县西北角的一盏明灯；及至兴办电磁线厂，产品质量和生产规模，一步一个脚印地又攀登到几近全国同行业的首位，并把产品打进了世界500强企业，开始走出了国门。她的成功和出类拔萃，还表现在她这三十多年来，所建立起来的人缘、人际关系上，和广泛而深厚的群众基础上。凡熟知陆惠芳的人，都知道她的一个鲜明的为人品质：对厂里的职工，越是困难，她越是关心、照顾。笔者在采访过程中，曾亲历了两件难忘的事：

一次采访陆惠芳时，被进来办公室的两个人所打断，进来的一个是车间主任，另一个是该车间的职工。原来，这个职工的妻子患大病住院，诊断下来需动手术开大刀，急需借一笔费用，车间主任带他来向陆惠芳求助。当即陆惠芳就问他需要借多少钱？

这位职工啜嚅着说："家，家里没有啥积蓄，医院现在要付3万元，所以，我想，想……"

陆惠芳不等他说完，就对站在一边的车间主任说："你这就带他到财务科去办手续，就说我同意的，借3万元，钱让他快送到医院去，救病人要紧；你再把借款条子拿上来让我签字。"

还有一次也是在采访陆惠芳时，被一个年轻的职工进门打断了。我在一旁从他向陆惠芳所作的自我介绍听来,这显然是个不速之客。原来,他是一个安徽籍的外来职工,已在申茂厂工作多年了,"我也可算是个老职工了!"他急切切向着陆惠芳陈述道:"现在是,我的一个表弟到上海求职,因羡慕我在申茂厂工作,所以也想能进申茂厂来工作。并且,他离家时还对他的女朋友也就是我未来的表弟媳,表示过:'一定能进申茂厂,若进不了,你也不要嫁给我!'他这个表态可坏了事!陆总,我知道最近厂里并没有招聘职工,我这个表弟这样对表弟媳说了后事先也不同我联系一下就来上海了,要是进不了申茂厂,岂不是鸡飞蛋打,连老婆也没着落了!"

他这一席连珠炮似的皖北话,把陆惠芳说得笑了起来。她笑问:"你这个表弟,人呢?"

他说:"在厂门口传达室里呀。"紧接着又说:"我这个表弟高中毕业文化,人挺实在,身体也棒,就是心直口快,太爱她这个我的表弟媳了!我想请求你这次能破例招聘一次,即使让他进厂在车间里当个搬运工也行!总之,我可以担保他的工作!试用下来不行,你可以连我也一起把两条鱿鱼炒掉!好吗?陆总,我请求您了!"

听着他这一番语无伦次的话,陆惠芳又笑了起来,点头笑道:"好吧,你就先让你表弟进厂来,到人事科去办个手续吧;然后带他到你那个车间里去,让车间主任先暂时安排他一下。"

这个职工高兴地说:"那我先带他上您办公室里,向您陆总叩头致谢了!"

"不用不用!"陆惠芳忙说,"你快带他去办进厂手续吧!"

这个职工临走的时候,对着陆惠芳连着鞠了几个躬,连声感谢不已。

即使对于犯了错误的人,陆惠芳都要尽力挽救。平桥村有一个失足青年,由于流氓斗殴被劳动教养三年,释放后流浪社会。陆惠芳把他招收到了厂里,时常教育他做人的道理。在陆惠芳的关爱下,他不仅脱胎换骨,后来还成了生产上的骨干。这正是：关爱浪子用真情，浪子回头金不换！

陆惠芳就是这样善待职工的！

特别令人感动的是，陆惠芳这个当家人，是怎样回报曾经帮助过她的人，即使他或她现在已经退休、已经无权无势。原来的瓦屑乡副业公司经理范荣根，新中国成立前曾是江南造船厂的工人。1962年三年自然灾害期间，国家在对国民经济进行"调整、巩固、充实、提高"的时候，因他家属都在农村，所以他主动响应党的号召，回到家乡瓦屑务农做农民。这样一来，即使后来他被乡政府一级一级地调到乡里当上了副业公司经理后，因为是农业户籍，就没有干部编制，退休后连退休工人的待遇都没有了。显然，范荣根的家庭经济状况是很拮据的。就在这种时候，在老范已从乡副业公司的经理位置上退休下来了后，无职无权了，陆惠芳却开始经常去看望他了，并总要给他送去一些钱，以贴补老范的家庭开支。

笔者在采访范荣根的时候，这个身材高大的老人，除了赞扬陆惠芳在创办任何事业的时候敢冲敢拼，敢站在第一线，比如在中心场养兔子的时候就正是他任职乡副业公司之际，亲身见到了陆惠芳勇争养兔全乡第一的情景，还连声唏嘘，感叹不已：

"陆惠芳，是能人，是有心人，是上心人——也就是，为别人着想！一句话，惠芳，好当家人啊！"

十七，阳光下的至爱

这是一个阳光温和的暖冬。虽说是暖冬，早晨的气温还是寒冷的，在田野上掠过的一阵阵西北风，吹在脸上还感到有些凛冽刺骨。

上海申茂电磁线厂的厂房与办公大楼中间的通衢大道上，一辆敬老慰问送温暖的厢式小车正在整装待发。但见小车上满载着一箱箱苹果，一只只用纸包着的冰冻过的猪肘子。工会主席张勤伯背着挎包，里面装着红包，每个红包内是人民币500元；还有后勤科的陆惠仙，还在清点着送温暖的礼品，他们都在等候陆惠芳董事长的到来。

很快，陆惠芳过来了。今天，她上身穿着绿底黑条格子呢上装，围着一条橘红色暗绿色咖啡色相间的羊毛围巾，下穿一条毛料黑色筒裙，显得素雅大方。

"走吧！伲出发！"陆惠芳对等候着的众人说。她坐着妹妹陆惠仙开的小轿车，后面跟着满载慰问品的小货车，一前一后，驶出了厂门。笔者跟随了这次送温暖活动。

今天是2010年1月23日（农历十二月初九日），星期六，离开春节只有二十

送温暖活动中，装满一箱箱红苹果的小车整装待发

来天了。陆惠芳向家乡的老人们送温暖，若从1992年申茂厂正式挂牌前两年开始，也已经有20个年头了，虽然年年岁岁不同，陆惠芳的这个行动，却始终如一，每年的春节前夕，她都要专门安排时间去村里走一回，探望老人，送上她的一片爱心。

还在前两天，《上海企业家》杂志的特约记者来采访了她，谈的也是与今天行动有关联的话题。

《上海企业家》杂志从有关方面获悉，上海申茂电磁线厂和陆惠芳董事长，近几年来曾先后被评为上海市总工会颁发的"模范职工之家"称号，陆惠芳个人更被中华全国工商业联合会和中华全国总工会授予"全国'关爱职工优秀民营企业家'称号"的殊荣。于是，编辑部就企业劳动关系这个主题，委派特约记者顾倩，对陆惠芳作了一次访谈。下面，就是这次访谈录的全文。

需要说明的是，对陆惠芳作这次访谈的时代背景：当时，由美国房地产市场房利美、房地美两家房贷金融公司在2008年9月引发的次贷风暴（这之前已有雷曼兄弟破产、美林银行贱卖、摩根斯坦利寻求合作等一系列金融事件）

陆惠芳与职工一起联欢

掀起的浪潮一波高过一波,美国金融体系摇摇欲坠,世界经济面临巨大压力。这次美国引发的次贷危机导致发达国家金融机构必须重新估计风险、分配资产。在未来几年,发达国家资金有可能纷纷逆转回涌,以加强当地金融机构的稳定度。然而,由此将导致新兴市场国家的证券市场价格大幅缩水、本币贬值、投资规模下降、经济增长放缓甚至衰退,其中最为脆弱的是波罗的海三国和印度。对中国来说,新的金融危机将为中国经济增长带来压力,虽然中国资金也面临"走出去"抄底整合并购相应企业的好时机,但这绝不是轻而易举的。并且,对中国的外向型经济、特别是依赖于出口的企业来说,这次世界金融危机对他们的影响依然是很大的。

在面对世界金融危机袭来的时候,如何处理好企业内的劳动关系,如何

陆惠芳在联欢活动讲话

陆惠芳与职工一起联欢

继续保持和进一步构建企业的和谐局面,《上海企业家》杂志请特约记者顾倩专程走访了上海申茂电磁线厂陆惠芳董事长。

劳动关系是现代社会生产和生活中最基本、最重要的社会关系。面对金融危机的压力,一些企业"减压"的第一刀往往"砍"在职工身上,尤其是在不少民营企业降薪、裁员,劳动争议案件增多,职工也有不稳定情绪。于是,当世界金融危机来袭,企业应如何承担起社会责任,构建和谐稳定的劳动关系也就成为社会广泛关注的问题。上海申茂电磁线厂的四百余名职工不仅没

2006年，陆惠芳被评为全国农村妇女"双学双比"活动的女能手。

有一个遭辞退和减薪，职工的福利待遇还逐年提升，企业的业绩也越来越好。董事长陆惠芳说：职工是企业的财富，只有像家人一样关心职工，让职工与企业同甘苦、共患难，企业才能渡过难关，才能有更大的发展。下面是特约记者就企业如何处理和构建和谐的劳动关系，对陆惠芳董事长的访谈录。

记：请你介绍一下申茂电磁线厂近年来的发展情况，特别是这次金融危机对你们厂的影响如何？

陆：好的。申茂电磁线厂是1992年创建的，是专业生产电磁线的民营股份合作制企业，年生产能力15000吨，现有职工三百九十多人。2006年申茂厂被评为上海市"品牌企业"，我厂生产的三峡70万千瓦发电机组的定子线，西门子高压电机用线，高速列车产品耐氟利昂电磁线等产品，达到了国际一流的水平，先后通过了ISO9001质量体系、ISO14001环境管理体系、OHSAS18001职业健康安全管理体系认证，在去年被评为上海市南汇区劳动

陆惠芳和申茂电磁线厂捐赠证书之一

关系和谐企业。这次金融危机给我们带来了一定的压力,但总体而言,还是比较平稳,今年上半年产值3.3亿元,销售额3.26亿元,利税2274万元,上缴税收1194万元。这其中离不开全厂职工的努力和支持。

记:今年年初,中华全国总工会在全国职工中开展了"同舟共济保增长,建功立业促发展"竞赛活动,并积极呼吁企业在金融危机下构建和谐的劳动关系。请问在这次金融危机中你们企业有没有减员和降薪?有没有拖欠工资、少缴社会保险费等情况发生?你们职工的稳定性如何呢?

陆:由于金融危机等因素的影响,眼下许多企业举步维艰,生产经营遇到困难。有的企业采取减少职工的薪水,甚至裁员等措施,以求渡过危机。殊不知,虽然生产成本降低了,但职工对企业的信心也随之丧失。任何行业,创造价值的都是职工,只有给予职工足够的重视,才能保证企业的发展。职工是企业的财富!减薪、裁员等手段不可取,只有让职工有了与企业同甘苦、

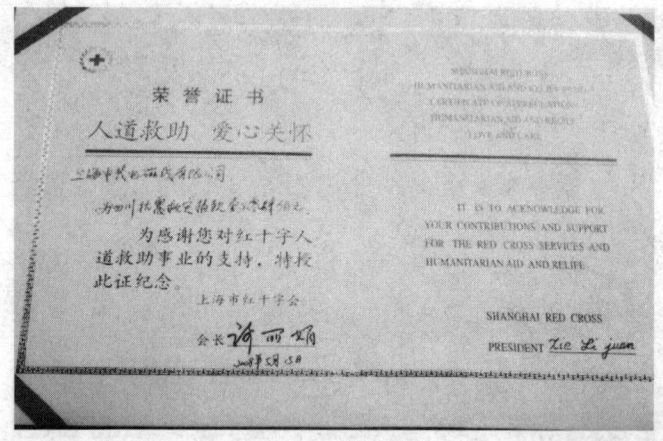

陆惠芳和申茂电磁线厂捐赠证书之一

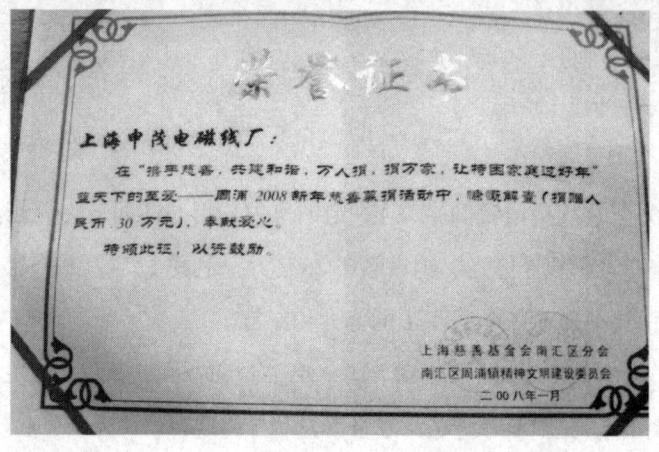

陆惠芳和申茂电磁线厂捐赠证书之一

共患难的信心，企业才能渡过难关，有更大的发展。我们不会因为企业暂时的困难而减少职工的薪水，甚至裁员以渡过危机，这是我向我厂全体职工作出的承诺。可以说，我的体会是：企业有困难，更要保持职工队伍稳定，在经济危机中企业还是要靠老职工挑大梁。所以，在危机面前，稳定职工队伍显得尤为重要。

陆惠芳和申茂电磁线厂捐赠证书之一

敬赠：上海申茂电磁线厂

捐资助学献爱心
同心协力建和谐

共青团宁夏回族自治区委员会
宁夏青少年发展基金会
二〇〇八年四月二十六日

　　我们企业对职工每月兑现工资，从没有发生过拖欠工资的情况，并承诺以每年10%的幅度给职工增加工资。目前，三百九十多名职工与企业全部订立了劳动合同，签订率达到100%；并与女职工签订了"女职工特殊利益专项集体合同"，保障女职工的合法权益。我们从2000年起就实行了为本市户口的职工办理城镇养老保险，为外来人员办理综合保险的制度，在全镇甚至全区的民营企业中我们是首家。工会还设立了基金会，每年为全厂职工投保意外伤害险、重病保险、安康保险等保险，我们企业每年为职工缴纳的养老保险和各种保险费用达360万元。另外，我们还承诺，给在我厂工作满三年的职工全部转入城保，这一措施很大程度上稳定了职工队伍，这部分职工占全体职工的60%，是我们企业的中坚力量。企业今天的成就靠的是全体职工，企业回报他们的方式就是解决他们的后顾之忧，让他们老有所养。可以这样说，我一直想到了我们职工退休后的安排。

　　记：是的，我知道您曾被全国工商联与全国总工会评为"全国关爱职工优秀民营企业家"。我想了解一下，你们的职工福利待遇有哪些？您的企业还帮助区里的残疾人解决就业问题，你们是怎么做的？

陆：一是每年组织职工体检和旅游。每年分批组织干部职工到杭州、无锡、上海工人疗养院进行体检，组织职工党员赴井冈山、普陀山、港澳、北京等地旅游观光。二是定期走访特困户，去年探望生病职工58人次，发放补助金2万元。三是每月18日的职工生日会，组织本月生日的职工一起过生日，吃生日蛋糕，唱卡拉OK，并每人发放生日费，从去年开始，生日费从50元增加到100元。四是每年春节，请全厂职工、退休工人回厂吃年夜饭。这些事情虽然并不大，但我们就是在这些小事中和职工建立起像家人一样的关系，让职工感受到企业的关怀，因为只有尊重人、理解人、帮助人，才能得人心、暖人心、稳定人心。这些举措很大程度上激发了职工的工作热情。

目前挂靠在我们企业的残疾人有446人，为他们全部缴纳了小城镇保险，部分缴纳了城镇医疗保险，为他们的基本生活提供了保障。

记：改革开放以来，市场经济日趋成熟，因此行业竞争也益发剧烈。在这样的形势下，"人才"是获取竞争优势的关键。忠诚的高素质的职工无疑是企业最最珍贵的财富，而如何留住这些好职工则是企业管理中一个重要环节。请问陆董事长，你们企业是如何发挥职工的创造力以及主人翁精神呢？

陆：人才的确是企业最大的财富。随着我国电机、电器行业的飞速发展，对电磁线的要求和科技含量也在不断提高，为了满足客户的要求，我厂已经开展了六期技术改造，在工会的组织下，已连续八年开展职工的技术操作比赛，发起了"学习李斌做知识型职工"活动，每一次比赛我都要亲自去给参赛者加油，对在技术比赛中成绩优异的职工，工会还组织他们外出旅游，此项工作得到了全厂一线操作职工的积极响应。今年的参赛人员都是新招的职工，比赛的成绩高于老职工，证明通过历年的技能比赛，新职工的操作技术水平得到了提高。操作比赛激发了职工学习技术、钻研业务的积极性，经考核统计,各班组提高了生产成品率,降低了生产消耗,实现了企业降本增效。

除了做好技术业务竞赛这项特色工作,我们还大胆探索培训教育工作,确立了"跨出厂门做培训,自我负重练队伍,缴纳学费买经验,攻克难点树品牌"的培训理念。积极开展跨区域培训交流活动,以企业文化为切入点,积极组织管理人员赴外地参观学习。两年来,举办了各类培训班11期,参加八百八十多人次。2007年,通过技术改造研制的产品"耐高温薄型涤纶玻璃丝烧结漆包铜扁线"获得专项发明专利,并荣获了上海市第二十一届优秀发明选拔赛三等奖,丝包车间被评为上海市职工科技创新优秀团队。

记:每个企业都会有优秀的职工,也会遇到调皮捣蛋的职工,你们是怎样对待不同职工的,对不良的职工是怎么样处理的?

陆:我相信一句话,只有满意的职工,才会有满意的顾客。我们也碰到过调皮捣蛋的职工,对待这样的职工,我们坚持按照厂规厂纪给予处罚。凡是涉及职工利益的重大事项,都经过职代会以及股东代表大会审议通过,建立起了一套完整的职工代表监督制度,我们制定了"职工行为规范",对上班旷工超过规定时间、偷盗财物、严重违反厂规厂纪的,以《劳动法》和其他法律法规为依据,辞退并公开公布。去年有一名职工因严重违反劳动纪律而被辞退。当然,法外也有情,曾经有一名职工有一段时间上班迟到早退,通过了解后发现是他同家人有些矛盾,一时有情绪,我们就多次上门给他做思想工作,和他家属一起开导、鼓励他,现在这名职工在自己的岗位上工作认真踏实。总体而言,我们的职工大多数是好的,在这次"百万职工建功立业"的活动中,我们厂有一名职工被全国总工会、全国工商联合会、授予"2007年度全国热爱企业优秀职工"称号。

记:每个企业都有自己的文化,您认为申茂厂的企业文化有什么特色呢?

陆:我是农村出身的,农村人讲究一个"实惠",所以,我们企业考虑更多

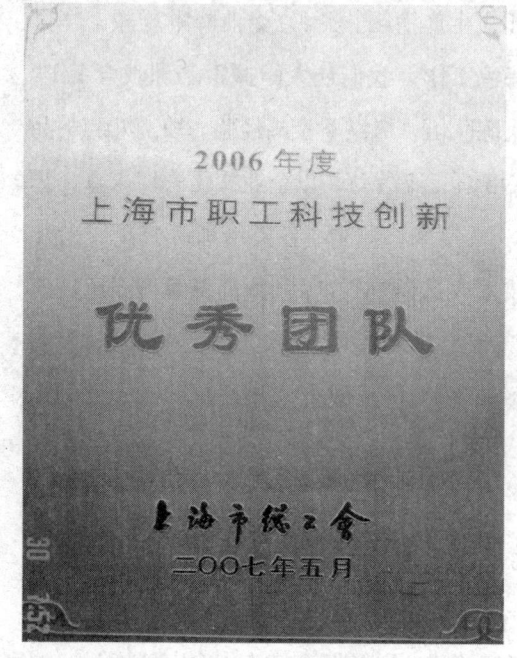

申茂电磁线厂荣获的奖状之一

的是怎么给职工更多的实惠,包括为职工购买保险、缴纳社保、组织旅游和体检、为职工过生日等等。其实就是把职工当成是自己家人一样,解除他们的后顾之忧,为他们退休以后的生活考虑。除此之外,我还和职工一起参加各种文体活动,我们组建了迎世博业余腰鼓队,利用业余时间精心排练,在"我们的家园"开幕式上,我和我们的职工一起上台表演;我们还自编自演创作《秧歌舞》、《诚信之花开申茂》,组织歌咏比赛和运动会等等,每年9月下旬,举办"庆中秋,迎国庆"联欢活动,每年春节开展团拜活动,各车间部门的职工都认真编排节目积极参加。一来是我自己喜欢这些锻炼身心的文体活动,二来可以和职工拉近距离,增强职工的集体感和归属感,这些活动给企业增添了活力和凝聚力,也让我们企业处处充满了温情。

文明的企业一定会培育出文明的职工，文明的职工又会促进企业的发展进步，让企业的效益不断提高，这样就是一种非常好的良性循环！

　　上面的这篇访谈录，陆惠芳只是提纲挈领地谈了全厂的概况，尤其是她如何关心帮助残疾职工，还有许多动人的故事是不能不在这里再记叙下一二的。

　　在全厂的职工比例高达40％的残疾职工中，有一个名叫王士祥，陆惠芳对他关心的故事是很感人的。还在办食用菌种厂的时候，陆惠芳就把他吸纳进来了。早年王士祥父亲虽然担任过南汇县农场的场长，但对这个双目残缺的儿子却无法安排，一方面也正好是家乡平桥七队的，就请陆惠芳就地安排进了食用菌种厂。接着不久，电磁线厂办起来后，王士祥转了过来在电磁线厂工作。王士祥在陆惠芳的关心下，后来结婚娶了个智残的姑娘，接着不久又生了儿子。在结婚时陆惠芳还让厂里为他盖了新房，从盖房用的材料直到劳动力都是厂里帮助解决的。生孩子时厂里也给了补助。若干年后儿子长大成人再结婚又生儿子，祖孙三代的一切都由陆惠芳和申茂厂给包下来了，并都安排在申茂厂工作。现今，王士祥已是七十多岁的老人了，在每年春节前夕厂里的送温暖活动中，陆惠芳还是照例要去探望慰问，给他送上一份年货和一个红包。双目有障碍的王士祥每当这个时候，摸索着陆惠芳安放到自己手上的红包，在连声道谢的同时，混浊的眼珠上也闪现了泪花，"要知道，陆惠芳的关爱，惠及了我祖孙三代啊！"王士祥心里在感激不已。

　　上海申茂电磁线厂吸纳安排的残疾人员，几乎包括了所有方面的残疾障碍：从肢体、智障、聋哑等等，年龄也有大有小，即使是重残疾人，陆惠芳也不嫌弃，照样吸纳安排或者予以照顾赡养。有一个双下肢没有的男性职工，是娘胎里出来就没有了下肢，但脑袋很聪明，在家里时就会修手表，厂里安排有困难，但按照民政局的赡养标准，厂里也按月给他送去生活费，直到他

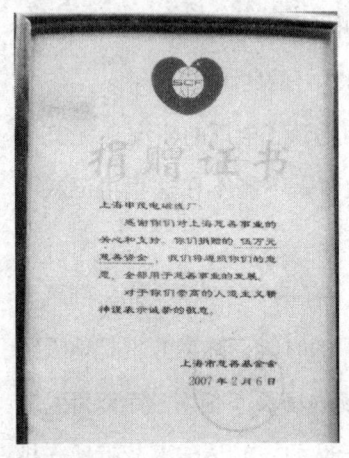
陆惠芳和申茂电磁
线厂捐赠证书之一

陆惠芳荣获"关爱员工优
秀民营企业家"的奖牌

去世,也仿佛是申茂厂职工一样。有两个一男一女的聋哑职工,厂里专门安排他们在机修车间修模具,培养他们学技术。

关爱残疾人,关心弱者,是陆惠芳从年幼时就开始萌芽的思想品质。这与她的出身分不开:父母也是残疾,家境的贫穷,使她从年幼起就富有同情心。这使她经常想着别人,为他人着想!

对所有进厂的残疾职工,厂里对待他们与正式职工一样,一视同仁,毫无歧视,完全同工同酬。每逢他们个人的生日,厂工会也一人送上一只小蛋糕,送上100元贺金,并为他们举办生日餐。

陆惠芳的关心爱护,激发了这些残疾职工的工作热情,有一个智残的女职工,在绕包车间做勤杂工,工作勤劳肯干,一门心思做好自己的本职工作,天天把车间打扫整理得干干净净,有条不紊,获得大家的好评,年年被评为先进工作者。

陆惠芳的关爱职工,在整个瓦屑地区都是家喻户晓的。销售科的赵利民

每年春节前,陆惠芳为申茂电磁线厂所在地平桥村乡邻的70岁以上老人送温暖

一天早晨来厂上班路上,开着一辆建设牌摩托车,不慎摔伤而头破血流。陆惠芳得悉后,忙从家里赶来,亲自陪着急送到上海市区的华山医院。那天正好是星期日,一时找不到医生(只有作急救处理的值班医生)。陆惠芳动用了自己的人脉关系,几经周折,才找到了医生来诊治,她才放下心来。这中间,她一直陪在赵利民身边,没有离开过一步。

厂里职工都知道,凡在申茂厂工作的职工中,不管是谁,是干部还是工人,谁要是因发高烧住在医院,寒热三天不退,陆惠芳知道后,必定要去医院探望慰问,去和医生沟通,希望医生给予更好更有效的治疗。

申茂厂把每月18日定为凡这个月逢到生日的职工,吃生日餐。而每逢中秋节、春节,聚餐吃年夜饭,更是热热闹闹,连退休的职工都要请回厂,欢聚一堂。这在整个瓦屑地区都知道,这里的老农常说:"若要火车跑得快,全靠车头带!"众口一致地称赞陆惠芳是个好带头人!在每年春节前,陆惠芳在慰问探望他们,给他们送上过年礼品,送上红包时,他们都会情不自禁地对跟着

每年春节前，陆惠芳为申茂电磁线厂所在地平桥村乡邻的70岁以上老人送温暖的情景之一

陆惠芳一起去的另几位职工说道：

"你们跟陆惠芳做，有奔头！"

瞧，现在，2010年1月23日，陆惠芳又来看望家乡的70岁以上的老人们来了。

今天来到的第一家是平桥六队的一个矮个子老农妇，她正从头到脚地全副"武装"防冬寒，还在田头劳作着。陆惠芳一行呼喊着她，她兴冲冲地从田间小路上跑过来了。厂工会主席张勤伯双手捧着一箱苹果和一只猪肘子，笑容满面地递给了她，陆惠芳接着把装有500元人民币的红包送到了这位阿婆的手上。

"谢谢！，谢谢"老农妇连声说着。

第二家还在六队，是老夫妻俩，陆惠芳一行给他们送上了双份礼品和两只红包。已经满头白发的阿奶情不自禁地和陆惠芳紧紧拥抱起来，一边喃喃地说着："阿芳啊阿芳，只有侬是时时记挂着伲老人啊！"老夫妻俩一迭声地说着："谢谢阿芳，谢谢阿芳！"

有几个八九十岁的老农妇，行动已经有些迟钝，本来就不善言语的农妇或老人，此刻面对着前来慰问送红包大礼的陆惠芳，因心情激动讲话更加木讷了。陆惠芳一边嘘寒问暖，一边让同行的职工一直把礼品送到她们家的堂屋里，替她们安放好才离开。

送过了六队，又到了七队，这是陆惠芳的娘家，也逐一对70岁以上的老人作了慰问和送礼。在和每一个老人握手话别的时候，陆惠芳都要祝他或她身体好，健康长寿，快快乐乐开开心心地生活！而他或她几乎是异口同声地也祝陆惠芳身体健康，把申茂厂办得更加兴旺发达，一年更比一年好！

在六队一条小河边的一户村民家门口，站在家门口接受陆惠芳过年礼品和红包的老农妇，已有90岁高龄了。因正好起风了，陆惠芳没有让她出门，忙迎送了上去。这个老农妇瘦高个子，体质还健，还能接下一箱苹果，只是嘴里的牙齿几乎都掉落了。所以，在陆惠芳祝她健康长寿开开心心过春节后，她也在喃喃地说着，只是听不清楚她在说些什么。一旁的陆惠仙给我作了"翻译"，原来她是在说：

"惠芳囡啊惠芳囡，侬把厂办好了，伲老人也沾了光，也年年有盼头，就盼侬惠芳囡回来，伲好开开心心过大年啊！"

这个看着陆惠芳长大的、如今将陆惠芳视为家乡女儿的90岁高寿的老妇一番念叨，不正说出了和平（平桥）大队70岁以上的老人的心里话!?

这一天，上海申茂电磁线厂陆惠芳董事长，共为和平大队70岁以上的老人送上了81份过春节的大礼品和81个每包500元人民币的大红包；送礼对象中这个老人若是申茂厂的退休职工，另外再加送一箱苹果。

向老人送温暖的第二天，陆惠芳又赶到区政府召开的"蓝天下的至爱"活动现场。活动中，陆惠芳代表申茂厂，当场捐款20万元人民币。

自1992年上海申茂电磁线厂兴办以来，在回报社会的慈善事业活动中，

每年春节前,陆惠芳为申茂电磁线厂所在地平桥村乡邻的70岁以上老人送温暖的情景之一

陆惠芳始终是走在前面的。以下是从1996年开始捐款的数据,厂财务科提供的数字虽然枯燥,却记录了陆惠芳和申茂厂自改革开放三十年来,勇担社会责任和回报家乡回报社会的生动轨迹:

1996	2月30号凭证	22137.5元	上缴平桥村独生费
	2月62号凭证	40000元	平桥村
	9月64号凭证	10000元	镇运动会赞助款
	11月68号凭证	50000元	镇财政所赞助款
	合计	122137.5元	
1997	2月27号凭证	2850元	慰问费
	2月69号凭证	39000元	上缴平桥村
	3月39号凭证	17975.5元	养老金独生费
	3月58号凭证	10000元	残疾人联合会捐款
	6月31号凭证	5300元	育才学校补助款
	11月72号凭证	20000元	上缴平桥村
	合计	95125.5元	

年份	凭证	金额	用途
1998	1月18号凭证	71151.5元	上缴平桥村
	1月41号凭证	60000元	
	2月75号凭证	8000元	市老年基金会
	5月31号	1400元	学校助学费
	6月3号凭证	6000元	周浦八一中学赞助款
	9月17号凭证	3000元	瓦屑民政办赞助款
	9月71号凭证	5000元	周浦中学赞助款
	12月109号凭证	2000元	瓦屑敬老院赞助款
	合计	156551.5元	
1999年	1月23号凭证	19546元	幼托费
	2月28号凭证	3120元	老人探望款
	2月80号凭	20000元	上缴平桥村
	3月56号凭证	10000元	上缴平桥村
	4月78号	5000元	镇老干部赞助款
	5月52号	1000元	扶贫赞助款
	5月72号	15500元	平桥村育才学校托儿所
	6月35号	602元	中心托所六一节赞助款
	7月97号	20000元	瓦屑派出所赞助款
	10月76号	10000元	镇运动会赞助款
	合计	104766元	
2000年		60000元	上缴平桥款
2001年		150000元	上缴平桥款
2002年		80000元	上缴平桥款
2003年		55000元	上缴平桥款
2004年		100000元	上缴平桥款
	合计	445000元	
2005年		10000	老年基金会
		11100	探望老人
		50000	南平南中赞助
		10000	慈善基金会
		5000	区南风文学
	合计	86100元	
2006年		19600	探望老人
		20000	宋庆龄基金会
		2000	白血病
		30000	西安西玛
		30000	福利公司
		20000	湘潭电机
	合计	121600元	

年份	凭证	金额	用途
2007年		500000	光彩事业促进会
		18400	探望老人
		3000	林肯
		150000	宁夏公安厅
		30000	周浦养老所
合计		701400元	
2008年	1月116号凭证	36800元	慰问老人
	4月169号凭证	5000元	赞助款
	4月187号凭证	60000元	家园主题活动捐款
	5月78号凭证	300000元	抗震救灾捐款
	7月7号凭证	10000元	风水研究院赞助款
	9月54号凭证	300000元	希望工程捐款
	11月136号凭证	50000元	光彩事业促进会
合计		761800元	
2009年	1月52号凭证	100000元	慈善基金会（蓝天下的至爱）
	9月136号凭证	1000000元	宁夏同心县教育局教育捐资
合计		1100000元	
2010年	1月37号凭证	200000元	浦东新区慈善公益
	1月287号凭证	15000元	中桥学校资助
合计		215000元	

累计总额：　　　　3909480.5元

这是一列累计高达三百九十余万元的数字。然而，这又绝不是数字，而是陆惠芳和申茂厂的全体职工，在用自己的汗水和心血，向家乡和社会所奉献的一分又一分劳动成果，一片又一片爱心啊！

这一天，2010年春节送温暖活动结束回厂时，日头已快移到头顶上，冬日早晨的寒意早已驱散，阳光正温暖和煦地照在上海浦东新区瓦屑镇平桥大队的一片田野和村舍上，也照在上海申茂电磁线厂宽大宏实的厂房和富有民族建筑格调的办公大楼上，远远望去，田野厂房、村舍办公楼，完全融合在一起了。

　　返厂时，陆惠芳没有再坐小轿车，而是步行回厂。在暖融融的阳光下，陆惠芳步履矫健地向着申茂厂走去；近一个上午的日照，又使她的脸色被微寒之风吹拂得更加红润。一路上，她不时地向迎面遇到的家乡父老姐妹微笑着点头问好，大家也向她问好。红润的脸容，矫健的脚步，谁能相信，陆惠芳已快60岁了呢？几乎与共和国同时诞生的陆惠芳（仅差一年），就快迎来自己的60岁生日了。人生一甲子，不容易啊！此时此刻，陆惠芳心潮如波涛！常言道：做人难，做女人更难！特别是这后30年，追随着祖国改革开放的大潮，为使家乡父老致富，为改变家乡面貌，从创办食用菌种厂到兴办电磁线厂，自己花了多少心血，经历了多少艰难曲折啊！

　　令人欣慰的是，辛苦的付出毕竟得到了回报，艰难的创业终于获取了丰硕的成果。并且，这回报和成果还一直惠及到家乡和社会，化作了阳光下的至爱，化作了人世间的真情！

　　啊！往事历历在目。回想起这一切，陆惠芳确是心潮难平啊！但，这难平，是激动，是振奋；是砥砺，是鼓舞！一如她此刻的飒爽英姿和矫健步履，正在灿烂和煦的阳光下，在她挚爱着的家乡田野上，向着厂里走去，向着她的将更上一层楼的事业走去……

十八、看君走马见芳菲

还在2001年，曹隆被申茂厂除名后，陆惠芳在大手笔新建一个面积达4000平方米的特大型车间的时候，她就同时为扩大生产规模而在筹划了。尤其是在走访了几个大客户，获得了长江三峡水电、高速机车等大工程的产品订单后，更坚定了陆惠芳这个扩大申茂厂生产规模的决心。

陆惠芳把王奎冠总工程师请到了自己的办公室。

自陆惠芳创办申茂电磁线厂开始，就被陆惠芳聘请来厂担任厂总工程师的王奎冠，在这几年来与陆惠芳的共事中，也打内心里敬佩陆惠芳的为人品行与做事魄力。特别是前不久，那个分管营销的副厂长闹分裂另立山头而被除名后，他曾一度担心陆惠芳会经不住这个波折而影响申茂厂的发展，因为这种事件对一个企业来说几乎是致命的。他过去在郑州一家国营电磁线厂时也担任过厂领导，也经历过这样的事，在领导层里发生分裂，特别是分管营销的这个干部起了异心，对一个企业来说是很危险的，因为企业的客户关系网络几乎都在这个干部手里。自改革开放以来，国家在从计划经济逐步转变为市场经济的过程中，有一些国有企业之所以一下子停工濒临破产直到关闭消失，其中的一个致命伤就是没有了客户，产品没有了销路。而造成这个结果的直接责任人，往往就是营销人员的异变；有的小工厂，有时连一二个销售员都能致它于倒闭，不要说，申茂厂出了一个起了异心的分管营销的副厂长了。

王奎冠是技术人员出身的干部，勤勤业业地埋头在电磁线生产的技术工艺中，本来就少言寡语。曹隆事件发生后，他的话语就更少了，但他内心里一直为陆惠芳担忧着。结果，他终于很快就看到，陆惠芳非但没有被这个事件所击倒，反而大踏步地跨过了这道"坎"，更加意气风发地为申茂电磁线厂的大发展开始运筹帷幄了。所以，这天一上班，他就如约来到了陆惠芳的办公室。

"王工请坐"，陆惠芳微笑着说话的同时，又起身亲自为他沏了杯茶。

"哎，陆总，我自己来！"王奎冠也含笑起身接过茶水，他心里已经释然了。他看到陆惠芳和善的笑容和怡然的神色，就知道此刻的陆惠芳又将全身心地开始一个新的行动计划了。从郑州来上海后，多年来的接触中，王工知道陆惠芳的一些性格特征：讨论研究工作，她一丝不苟，并能广泛听取意见；决定实施了，她雷厉风行，并能放手让职工去做；处理事故，她当机立断；批评错误，她不留情面；表彰成绩，她热情洋溢；慰问职工，她细心周到；……等等等等。王工有时候在瓦屑镇上的家里，总会对一起被陆惠芳接来上海的老伴，念叨："做人的一些优良品行，怎么都会集中在陆惠芳的身上呢！"接着他又会自己回答自己："正所以，陆惠芳才能成就大事，才能一步一步，从一台小拉丝机，做到今天这样的规模。在我看来，这样的人，才是一个真正的企业家啊！"

王工的老伴了解王工，这个从事技术担任过国企领导的知识分子，平时虽然话不多，但思索的问题是很多的，并且也往往是正确的。她心里同意老伴的评语：只有像陆惠芳这样的人，才能称得上是真正的企业家。

此刻，陆惠芳和王奎冠分别坐定后，陆惠芳笑道：

陆惠芳、顾正生夫妇接待外国客商

"王工,今天请你来,主要是想商量一下伲厂的设备问题。你是知道的,伲厂的设备大多数是自己制造的,问题是,随着生产规模扩大,伲是否也可以适当地添置一些国外的先进设备?这方面,我想先听听你的意见。"

听了陆总的开场白,王工心里顿时一声感叹:陆惠芳不愧是个好当家人!面对着即将建成的大车间和即将承接的大任务,陆总一下子抓住了厂里当前要解决的主要矛盾:设备问题。原来,从事电磁线制造行业的人都知道,生产电磁线厂家的设备,大多数都是自己制造的,这不仅仅是从降低成本的角度考虑,还有三个行业方面的实际原因:一是为了适应客户的各种规格、品种的要求,若是自己制造的设备,就可以不时地对其进行技术改造或革新;二从生产量上考虑,若订单增加,就可随时增添设备,因是自己制造的设备,图纸、模具、机械工具乃至经验等都是现成的,很快就可以制造出来;三实则上也是最重要的一点,为了保持和提升企业的竞争力的需要。这是因为,电磁线生产技术的门槛并不高;若不考虑它的产品质量因素,想进入这个行业是很

申茂电磁线厂厂区大道

容易的：只要去购置几台电磁线生产设备就可以了。正是这一点，为避开这种由电磁线和电缆生产设备制造厂的通用设备而带来的会使企业丧失竞争力的弊端，大部分从事电磁线制造的企业，都是自己设计自己制造设备，从而起到保护了企业竞争力的作用。然而，在企业发展到一定的阶段，在设备问题上，就需要有一个新的考虑，或者说是一个突破吧。

当下，王工把他的想法说了出来。他说："申茂厂发展到今天的规模，是可以也应该添置一些国外的先进设备了。因为，电磁线的生产制造技术，国外的毕竟比我们要先进。"不待陆惠芳表态，他又补充说："陆总，我之所以同意你的想法，去购置国外的先进设备，是因为我们申茂厂发展到今天，从经济实力上来讲，也完全买得起国外的洋设备了。并且，从我掌握的国内电磁线行业的情况来看，若能增添几台国外先进的设备，将会更加提升我们申茂厂在这个行业内的竞争优势！"

"好！"陆惠芳高兴地点头说："王工，你就做个规划，伲马上行动一起去

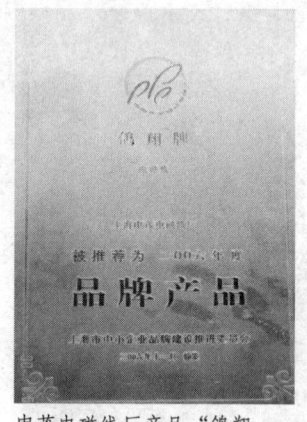
申茂电磁线厂产品"鸽翔牌"电磁线为上海市品牌产品

申茂电磁线厂荣获的奖状之一

国外!"同时,她又嘱咐道:"你可以与瑞士丰罗公司上海办事处的那个人联系一下,你和他具体安排落实出国事宜。总之,此事就由你王工总负责了!"

原来,这时候已经有一家国外的厂商来申茂厂洽谈合作事宜了,这就是瑞士丰罗公司。瑞士丰罗公司是一家电磁线和绝缘材料生产企业,在国际上有一定的知名度,世界500强中的一些电机电器制造企业,都采用他们的产品。这家公司在中国上海设有办事处,正欲挺进改革开放了的中国这个大市场。上海办事处的负责人是一个有着瑞士国籍的华裔,经过在国内电磁线行业的调查研究,他一眼看中了上海申茂电磁线厂,已经到厂里来过几次,向陆惠芳表达了合作的意向。

陆惠芳接待他,并与他几次会谈后,摸清了他的真实意图:原来,他的所谓"合作",实质上是想实现他们公司挺进中国后实施的"本土化"战略,也就是要控制一家电磁线生产企业,成为他们的海外(即在中国的)生产基地。而他们为控制企业的股份投入,就是设备。

陆惠芳在国外

"啊，我们的设备远远比你们的先进！"来申茂厂几次，他就几次夸口他们瑞士丰罗公司的设备，并几次建议陆惠芳到瑞士去看看，去考察。

陆惠芳是个十分有主见的人，在会谈中，她明确告知对方：这种"合作"，申茂厂是不会接受的。"但添置你们的先进设备"，一次陆惠芳微笑着对这位瑞士华裔说："我们可以考虑。"

"啊，可以可以！"这个人连连点头道："这方面我可以为你们穿针引线！到瑞士去，我可以全程陪同你陆总，当你的翻译，当你的参谋！"

这就是陆惠芳让王工找他联系的缘由。

很快，王工的回馈来了。只是奇怪的是，这个人提出的路线是先到法国。他的理由是法国巴黎附近有一家专门生产电磁线产品制造设备的企业，而且价廉物美。若陆总到那里看了不满意，再顺道去瑞士丰罗公司。

陆惠芳当即同意了。但她提醒王工，要做好意外的准备，"因为毕竟是在国外"，陆惠芳说道："王工，我记得你在郑州电磁线厂工作时，也曾去欧洲为

陆惠芳在国外

厂里购置过设备,你那里还有熟人吗?"这个人突然改变路线,使陆惠芳在心里对他产生了疑问,她要做好应对的准备。

"有,"王工说:"那是在奥地利。"

"好!"陆惠芳叮嘱道:"你把奥地利那边朋友的通讯电话号码、名片等都带在身边。"接着又作了这样的人员安排:带上毕业于上海工业大学的小女婿冯一兵,因为他英语会话能力较强,在与外国朋友沟通上特别是谈业务时更可靠一些;末了,她对王工笑道:"王工,你把王师母也带上吧!"

"不不!"王奎冠忙说:"我们是去购设备,又不是去旅游,她去干吗?"

陆惠芳2005年在俄罗斯

陆惠芳问道:"王师母去过巴黎吗?"

王工答道:"不要说巴黎,她还从未出过国门!"

"那就这样定了:请王师母一起去!"见王工还要说什么,陆惠芳笑道:"王工,你不要说了,就算王师母和我作伴吧,我们两个女同胞,到了国外也好互相照应,也更方便些!"

王工一想也对,也就点头了,但他内心里知道:这又是陆惠芳对自己老俩口的关爱和照顾啊,心里不禁十分激动。

2001年6月下旬,陆惠芳、王奎冠夫妇俩、小女婿冯一兵,一行四人,跟随瑞士丰罗公司上海办事处这个人,登上了去法国的飞机。

这是陆惠芳第一次去巴黎。

到了巴黎后,这个人径直把陆惠芳一行带到了巴黎郊外的一家工厂去,说是去看制造电磁线的生产设备。结果,到了那里发觉竟是一家破旧的手工作坊,没看到设备,什么都看不到。面对这个场景,这个人故作惊讶状:

陆惠芳在国外

"哎哟,怎么会这样?!这里本来一直在生产电磁线设备的!这,这……"

陆惠芳知道上了这个人的当,因为这个人此行来巴黎的飞机票,是由申茂厂埋单的。陆惠芳在上海时的预感被应验了,但她并不紧张,只是含笑对这个人说:"那我们就直接去你们的丰罗公司吧!"

这个人显得有点尴尬地笑道:"你们今天先在巴黎住下吧!陆总,你也是第一次来巴黎,从上海出来,十多个小时的时间差还没有恢复过来,先住下休息吧!巴黎是很有看头的,是世界级的旅游胜地!"

当晚他们在巴黎住下了。这个人说去住在朋友家里,也可为申茂厂省下一夜旅馆费。然而，意外还是发生了：第二天，陆惠芳他们在旅馆等这个人，左等右等，不见踪影，这个人竟不辞而别了。后来，他给陆惠芳打来过一个电话，说他有急事要去办不能奉陪了。陆惠芳当即让王工联系奥地利那家电磁线厂。王工在联系上后，陆惠芳一行在巴黎乘上火车，直奔奥地利去了。

　　在火车上，随着列车的微微晃动，作为电磁线生产行家的王工，再一次向陆惠芳详细介绍了电磁线生产领域的有关情况。电磁线制造发端于欧洲，从国际范围来讲，欧洲的电磁线生产技术是比较先进的。王工告诉陆惠芳，现在去的那家电磁线厂在欧洲来说还是比较大的，既生产电磁线产品，也制造设备并对外销售，他在郑州电磁线厂时就来该厂购买过设备，他们的设备确是很先进的。王工对陆总说道："当时那个朋友是专门负责设备制造的，他还在厂里，电话中欢迎我们去。陆总，我在想，我们这次去，即使设备没有购买成功，也是应该去的，去看看他们的先进设备，看看他们的规模，看看他们的工艺流程，看看他们的生产环境，对我们申茂厂的发展是很有帮助的。"

　　"王工，你说得对！"陆惠芳点头称是，说道："你说的和我想的，走到一个点子上来了！自从伲厂里提出了争创'中国第一、世界一流！'的长期目标后，我就一直在找机会要出来考察一次，以与伲申茂厂有一个横向比较，从中找出伲申茂厂与世界先进的差距，然后制订具体措施，落实努力方向！所以这次机会也很难得，也费你王工的心了！"

　　王工又告诉陆惠芳，说那家企业在奥地利北部的林茨，靠近捷克。林茨是奥地利的工商业城市，从维也纳再乘火车过去约还有184公里。"只是"，王工含笑对陆惠芳说道："为了赶护照签证的日期时间，我们在维也纳不能停留，维也纳那个蜚声世界的举办新年音乐会的金色大厅，可能只好匆匆路过了！"

　　陆惠芳笑道："没有关系，我们抓紧回程时还可稍作停留，让王师母去看看金色大厅，照两张照片！"她说着问小女婿冯一兵："一兵，伲回国还是从

上海申茂电磁线厂是每年5月份在德国柏林举办的全球规模最大的国际绕组线绝缘材料电子制造业展览会的应邀参展商之一。2009年5月,冯一兵(右一)与宋安(左一)在展览会上

巴黎走吧!"冯一兵点点头。"那好",陆惠芳续道:"我们抓紧时间在巴黎也待个一天,到凯旋门、香榭丽舍大道等地走走!"

王工的老伴笑着连声表示感谢。

列车在欧洲的原野上飞驰。奥地利位于中欧南部,群山环绕、绿水流连,土地丰腴,满眼是森林覆盖的青山。雄伟的峰顶白雪茫茫的阿尔卑斯山脉横贯西部,多瑙河蜿蜒地流过东部的林茨和维也纳。从维也纳去林茨,正是逆多瑙河而上,沿途的景色可谓是一步一景。林茨在奥地利北部,是多瑙河上游最大的河港和工商业中心。林茨的主要工业有钢铁、机械制造、化工、木材加工和纺织等。欧洲的第一条铁路,就是1832年在林茨建成的。特别值得一记的是,第二次世界大战,纳粹德国的军队就是从多瑙河的林茨大桥上开始撤兵的。一路上放眼车窗外,绿色的田野如茵似毯地铺展在山峦间,绿茵上一栋一栋或一片片的村落小镇,一幢幢两层楼的别野式建筑构造各异,造型显得玲珑小巧,宁静幽雅,外墙涂料也显得色彩斑斓,从造型到色彩几

陆惠芳在国外

陆惠芳在国外

乎无一雷同,充分展现了他们的个性化发展的社会环境。这些建筑在远处青黛色山峦和近前绿色田野的衬托下,宛如一幅幅水彩画般地美不胜收夺人眼目;并且,还时常闪过古堡、中世纪的庭院、郁郁葱葱的葡萄园。遥远西边的阿尔卑斯山峰上还可看到皑皑白雪,虽然时令已经是6月份了,还使人仿佛置身在心旷神怡的风景画中。陆惠芳望着在车窗外闪过的美丽景色,心里感

上海申茂电磁线厂（2010年9月1日起改名为上海申茂电磁线有限公司）全景鸟瞰

叹着：我们的家乡，也应该向着这个目标努力啊！而要达到这个境界，我们必须努力努力再努力，奋斗奋斗再奋斗啊！

在奥地利的林茨，在这家欧洲一流国际先进的按音译名为格里尔奥的电磁线制造公司，陆惠芳大开眼界！

首先是规模。从规模上来说，它还没有上海的申茂厂大，车间也不大，但却都是全封闭式的。其次是人员，走进车间，看到的职工也不多，甚至可以说很少，有的还是一人看管或操作着两台机器，显然这里的自动化程度要比申茂厂的先进。再就是噪音，走在车间里，听到的噪音很小，机器运转的声音很细微，置身其间反感到了车间的宁静。这说明这里的设备是颇为先进的。在这里，陆惠芳一行还看到了制造漆包线的设备，那较之国内是十分先进的。

特别给陆惠芳留下深刻印象的是：这个厂的环境，确实是花园式的，干净、清静而又点缀着树木花草。欧洲一些国家十分注重环境问题，奥地利更不例外，空气清新、青山绿水、花卉芬芳，在这样的环境中工作，可真是一种愉快的劳

上海申茂电磁线厂办公大楼前的花园亭子

动啊。当然，职业的习惯使然，陆惠芳最终还是把目光落到了该厂产品的质量上。陆惠芳看得很仔细，边参观边细看，不能不从心眼里佩服：电磁线的质量是上乘的，不论是绕包技术、接头查看，几乎都是无可挑剔的；并且，在运转速度上也要比申茂厂快。她低声地对走在身边的王工说道："王工啊，在这里，我看到了伲申茂厂的差距！看来，要创世界一流，是要下苦功夫的哩！"

王工连连点头，心里又为陆惠芳高兴也为自己这次带路来林茨而庆幸。他懂得，不管设备是否购置成功，能看到自己企业与国际先进水平的差距，就是此行的一大收获！而如果，当家人能再进一步，把理性的思考转化为实际的行动，那么，这个企业的发展就大有可为了，企业的前程将是无限光明的。就在林茨，王奎冠认定，陆惠芳经过这次考察，她和她的申茂厂将会再次腾飞！

在林茨，最终还是没有购置设备。接着不久，在2002年的年初，陆惠芳又带上技术人员去了次瑞士，因为瑞士那家丰罗电磁线与绝缘材料制造公司，较之林茨的格里尔奥电磁线公司更为先进,并更具一定的规模。所以,陆惠芳决心再去考察一番,并洽商一些诸如设备、生产工艺等方面的合作事宜。

结果,前后洽谈了两年多,最终还是没有成功。最大的原因是,陆惠芳有着强烈的自主意识,在设备问题上,她最终还是选择了自己动手造设备的申茂厂的优良传统上。当然,节约外汇也是她要考虑的,但她更自信的是,只要下功夫,自己动手也是能够造出好设备来的。与新中国几乎是同龄人的陆惠芳,深信毛泽东主席的一句至理名言:"世上无难事,只要肯登攀!"她自己三十多年来追随着祖国改革开放步伐的亲身实践和取得的硕果,也证明了这一点。

从瑞士回国后,陆惠芳在申茂厂专门成立了设备攻关小组,开始了又一期的技术革新和技术改造工作:对原有的老设备进行技术改造,同时按照新建4000平方米厂房的面积要求,再次自行设计制造新设备。陆惠芳又从上海等地的国有电磁线厂里请来了专业人员作技术指导,设备车间的职工们也日夜奋战,上下结合,群策群力,很快就成功地制造了六台并丝机、一台大型丝包机、七台中型丝包机。这些设备能生产各种规格的电磁线产品,极大地提高了申茂厂的生产能力,满足了客户的不同需要,使企业适应着国家电机行业产品不断发展、更新、上等级、提高科技含量的大好形势。

自从2001年夏,陆惠芳第一次赴欧洲考察那里的电磁线生产技术以来,日月如梭,七八年过去了。这七八年间,陆惠芳和上海申茂电磁线厂的发展,如日中天,他们的鸽翔牌优质电磁线产品不仅进入了国家级的高端电机制造项目,也被来中国投资建厂的世界500强中的一些电机电器生产厂商所青睐而被选定为长期合作的供应商。下面的一列与之合作的国内外主要厂商客户名单,就是一份申茂厂的出色的成绩单:

永济新时速电机电器责任有限公司	南车株洲电机有限公司
湘潭电机股份有限公司	东方电气集团东方电机有限公司
哈尔滨电机厂有限责任公司	西门子电器传动有限公司
上海ABB变压器有限公司	北重阿尔斯通（北京）电气装备有限公司
四川东风电机厂有限公司	河南龙宇国际贸易有限公司
通用电气亚洲水电设备有限公司	南京汽轮电机集团有限公司
重庆水轮机厂有限责任公司	江苏常牵庞巴迪牵引系统有限公司
兰州兰电电机有限公司	天津阿尔斯通水电设备有限公司
中国南车集团襄樊牵引电机厂	天津天发重型水电设备有限公司
南车株洲电力机车有限公司	万高（南通）电机制造有限公司
杭州华杰电子技术服务有限公司	江西东元电机有限公司
天津外总渤海成套设备有限公司	杭州威鼎电机配套设备公司
佳木斯电机股份有限公司	ABB变压器有限公司
西安出口加工区投资建设有限公司	上海福伊特西门子水电设备有限公司
大连东芝机车电气设备有限公司	上海资浩国际贸易有限公司

2009年底，八年前在奥地利林茨相识的格里尔奥电磁线制造公司的总裁来到上海，来上海申茂电磁线厂参观。陆惠芳与小女婿、现任申茂厂工程师的冯一兵陪同他一起参观，并向他作了介绍。当听到陆惠芳介绍说，申茂电磁线厂2009年的电磁线产量已达到2万吨时，异常震惊！他惊讶地说：

"我们厂2009年才生产了七千多吨。啊啊，上帝！"他又是耸肩又是摇头又是摆手，连连感叹地说："要知道，这可是在当前世界金融危机的情况下，在全球经济正在衰退的情况下发生的奇迹！啊，奇迹、奇迹！that's amazing！（真是令人惊奇！）"

"不，"陆惠芳含笑道："这不是我们申茂厂创造的奇迹，而是我们国家创造的经济奇迹！我们申茂厂是追随着祖国的改革开放步伐而一起前进的！"接着，她毫不隐讳地向这位国际上电磁线生产的行家点说了申茂厂的不足和差距。

陆惠芳说，虽然现在我们申茂厂的电磁线生产已逐步在向着世界一流靠近，比如绕包技术与你们格里尔奥已毫无差别；其中的一个产品云母绕包线，把样品送到英国去检测后，反馈的结论是质量比英国本土厂家生产的还要好，英国那边正在与我们申茂厂洽谈合作事宜。但，我们申茂厂与你们比较，差距还不小，比如你们的设备不仅速度快，还噪音小，若是停机，往往还不知道是何时停的机；相反，我们的设备却噪音很大，你都亲耳听见了，这说明了我们与你们的差距和不足。又比如，八年前我在瑞士丰罗公司看到的大玻璃丝团技术，我们现在还未能完全赶上；虽然我们已经在形成了丝团，但还不够，与丰罗比，差距还很远，我们还要下功夫，还要努力追赶……

"密司陆，"听到这里，林茨格里尔奥电磁线制造公司的总裁轻轻地却又显得激动地插断陆惠芳的话，涨红着脸微笑地说："对不起！我已忍不住想先说两句内心话：祝贺你陆总，你能看到自己的差距和不足，你的伟大成功也就在前面了！让我由衷地祝贺你：电磁线行业的世界一流目标，已经在向你招手了！"

说罢，他用他那手背上满是汗毛的大手紧紧地握着陆惠芳的手，摇了又摇。同时连声说着："very good！"

"不不！我们做得还不好，还不够！"陆惠芳谦虚地笑道："还要请你们多多给予批评和指教！"

"啊啊，陆总，"这位欧洲人忽然又笑着说了一句令人意外的话："我喜欢你这样的竞争对手！l love you, my frind！（我爱你，我的朋友！）"

说得大家都笑了起来。

中国2010年上海世博会在上海举办,上海人民开展了各项放歌世博的活动。申茂电磁线厂也参加了浦东新区周浦镇举办的"祝福祖国放歌世博"的群众歌咏大赛,陆惠芳董事长(前排右六)与员工一起引吭高歌

....

祖国的社会主义现代化建设正在突飞猛进,电气电机工业的发展也永无止境,生产制造与之配套产品的上海申茂电磁线有限公司(从2010年9月1日起改为此名),在当家人陆惠芳的带领下,也将百尺竿头、更上一层楼,向着"中国第一、世界一流"的宏伟目标,一步一步地踏实前进!

在这部书稿即将付梓前不久,笔者为了核实书中写到的一个人物外表特征而打手机给陆惠芳董事长询问的时候,不料她正带领着上海市乡镇企业协会的代表团在英国考察。尽管万里迢迢,大洋重重,国际漫游的手机中依然

传来了陆惠芳那清脆悦耳、甜美柔和的铿锵女声,在回答了我的问题后,她又说道:

"我后天就回来了"

听着陆惠芳这熟悉的话声,想象着她凯旋回国的飒爽英姿,初唐大诗人宋之问吟诵将士胜利归来的两句诗忽地映现在我脑际:"闻道凯旋乘骑人,看君走马见芳菲!"啊啊,是的,陆惠芳又一次从国外考察回来了,带着国外的先进技术,带着不断开拓的国际新视野,带着永无止境的创新理念,以成功女企业家的飒爽英姿继续投身到她所衷爱的事业中去,为之拼搏,为之献身……

2010年8月初稿于上海

2010年11月18日改定于北京

后 记

　　从我第一次坐在上海申茂电磁线有限公司董事长陆惠芳的面前,对她正式进行录音访谈,到书稿的杀青,历时已有九百多天了,几乎近三年。这十三余万字的书稿,之所以用了这些日子,是因为陆惠芳董事长的业务忙碌,活动频繁。可以毫不夸张地说,陆惠芳董事长只要在上海,一年365天,她每天都会在厂里,或者来一次厂里处理一些事务和工作,连国定节假日也如此。这已是全厂职工、她的亲朋好友、各级有关领导,乃至所有客户都已知晓的情景。

　　就象书中记叙的那样,陆惠芳还在当生产队长时,社员们有事要找她,只要到田间地头去,就总能见到她的身影;而现在,只要去工厂里,职工们也都能找到她!——从田间地头到工厂车间,已是陆惠芳的精神家园,和行动疆场。

　　这,就是陆惠芳为什么能从一个农家女成长为一个优秀的民营企业家的生动答案。

　　我和陆惠芳的近距离接触,是在2000年的11月间,至今正好10年了。那一次,是陆惠芳的申茂电磁线厂每年惯例的用户走访,她欣然邀请我同往。从上海启程那天是2000年11月19日,陆惠芳、营销员赵利民和我,我们一行三人登上了目的地为西

2000年11月陆惠芳与作者在山西风陵渡黄河大桥畔留影

安的西去列车。那次行程,在西安转山西永济电机厂,北上太原电机厂,再折返南下武昌,抵株洲电力机车厂,一路上,在与陆惠芳的接触中,看到了她的为人品行和开阔胸襟。所到之处,所有的老总或相关业务部门的领导,对陆惠芳都报之以热诚的欢迎;对她的行事待人,都表达了由衷的赞佩。

自那次行程开始,我开始关注申茂电磁线厂的发展,关注陆惠芳的事业。特别是当一些挫折和坎坷,向着陆惠芳压过去,而她又以巾帼英雄的气魄,将面前的艰难险阻一一化解,并进而更大踏步地前进,把申茂电磁线厂的发展又推上一层楼的时候,我被深深地感动了!

陆惠芳，不容易啊！从一个农家女走来，从一无所有开始，到今天锤炼成为一个优秀的民营企业家，其间，有多少甜酸苦辣，有多少艰难曲折，又有多少坎坷委屈，绝不是本书所能全部承载下来的。但窥一斑而见全豹，相信读者会从这本传记中，能感受到一个企业家诞生成长起来的心路历程，以及她的铿锵步伐！

　　从陆惠芳创办电磁线厂开始，就辅助在她身边的王奎冠总工程师，曾感叹连连地对自己的老伴叨念过："做人的一些优良品行，怎么都会集中在陆惠芳的身上呢！"是的，如果我们从企业家所应具备的素质来看，在陆惠芳身上所体现出来的品行，就更令人惊叹和敬佩了：捕捉商机的敏锐目光，把握市场的竞争意识，善于用人的巾帼胸襟，刚柔相济的管理能力，面对艰险的豪杰胆识，关爱弱者的女性柔情，广结好汉的丈夫气概，大展宏图的英雄手笔，……凡能成就为企业家的种种品质元素，陆惠芳竟集于一身！——相信读者诸君在掩卷后会感受到这些优秀品质的。

　　最后要说的是：这不是作者一个人的作品，而是一本集体智慧结出的硕果。为此，作者要向下列同志致以诚挚的谢意：唐根福、潘水祥、张林书、徐树华、王新国、陆惠仙、傅菊仙、徐宝祥、朱进根、王安顺、朱玉明、宋安、冯一兵、王倩、翁秀琴、周雪根、张丽丽、杨闵、胡永明、舒爱萍、施秀玲、顾倩、陈玉露等，以及还有不少朋友，他们都为本书的写作提供了帮助与指导，在此也一并致谢。

2010年8月
记于沪上桂林东街51弄寓所